変革せよ！企業人事部

テレワークがもたらした働き方革命

白木三秀

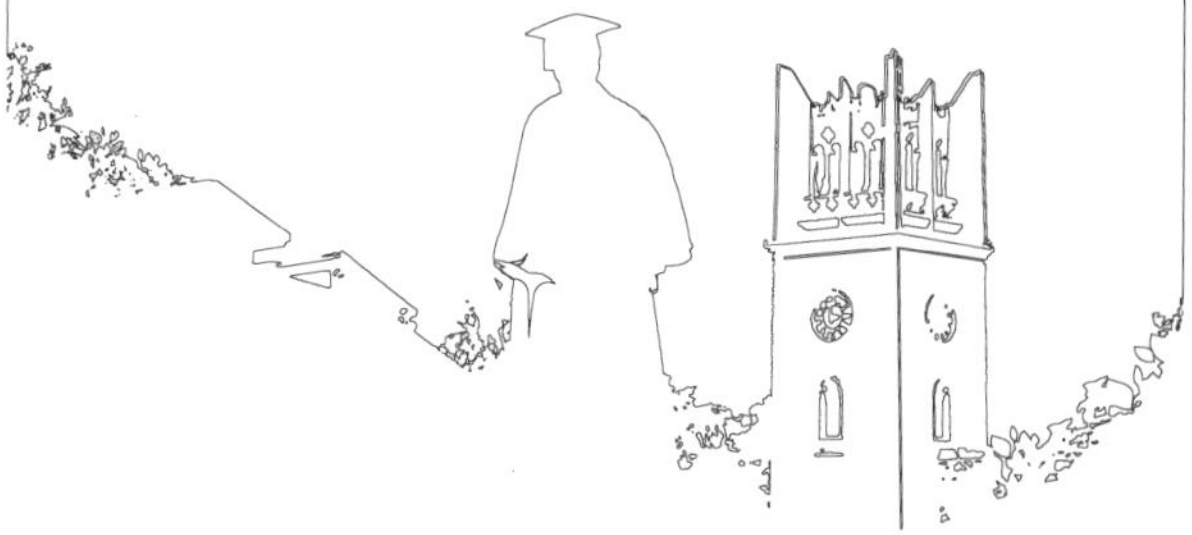

早稲田新書
017

やや長いまえがき

グローバリゼーション下にある日本企業にとって、五〇年前の高度成長期に形成された従来の雇用慣行、人事部・人的資源管理（ＨＲＭ）のあり方、それに従業員の働き方やキャリアのあり方は大きな変容を迫られてきていた。その流れの中で、二〇二〇年初頭から世界に広がった新型コロナウイルスの世界的蔓延（パンデミック）は、仕事における「革命的変化」、ならびに、企業と従業員の間に存在した暗黙裡の関係の変容を一気に促進した。本書はこの点を中心に検討を進めたい。

コロナ禍が始まる前からすでに、大企業の正社員を中心に一般的にみられてきた雇用慣行、すなわち、企業が従業員に対し長期の雇用と生活を保障する代わりに、従業員は企業内における配置・昇進や処遇に関する決定権限を会社に委ねるという暗黙裡の関係が成り立ちにくくなってきていた。従業員の企業内における配置・昇進や処遇ということの内実は、採用・初任配置、スキル形成、人事評価のあり方、配置転換、国内外での異動・キャリア形成、賃金・ボーナス・退職金制度など処遇のあり方を指している。

企業に職業生活の多くを一任するという雇用関係が形成されたのは、一九五〇年代からの高度成長期にはじまり一九九〇年代初めのバブル崩壊まで継続した特殊な時代背景があったためである。もちろん、この間、第一次、第二次石油危機があるなどして若干の変動は免れなかったものの、その後も含めて基本的に同様の雇用関係は継続された。

そのような時代背景の概略を筆者なりに整理すると、以下の通りである。

第一に、第二次世界大戦後、企業が再建される中で導入された新技術や機械設備とそれに付随する技術・生産体系は技能と人材の組織内養成と囲い込み、したがって堅固な内部労働市場（企業などの組織内部で従業員の給与や配置などを各種の取り決めの下に決定をする場のこと）を築くことが不可欠であり、しかもそれは高度成長下の安定雇用の中で可能であった。この内部労働市場においては、競争的な外部労働市場のように労働サービスの需要と供給により雇用と賃金（賃金水準は個人の生産性に等しい）が決まる世界とは異なり、配置・再配置と賃金水準は組織内の制度や規則により決定されるという特徴がある[1]。

	若年人口（0－14歳）	平均年齢	失業率
1960年	2,800万人（全人口比：30%）	27歳	1.7%
2020年	1,500万人（全人口比：12%）	47歳	2.8%

表－1　若年人口と失業率の比較（1960年対2020年）

（出所）「国勢調査」ならびに「労働力調査」。

第二に、高度成長とそれに続く比較的高い経済成長の中で、企業は組織を拡大し、組織内において魅力的で安定的な就業機会を従業員に提供できたことがある。組織が拡大する中で、昇進機会が多く、従業員の仕事能力が高まればいろいろなポジションを提供することが可能であったため、明らかに、内部労働市場の中では、現在就いている仕事よりも仕事をこなせる能力を重視する職能資格制度の方がきわめて合理的であった。また、当時の企業の財務状況からいえば「余剰人員」を抱える余裕もあり、定年までの「終身雇用」を保証できた。こうして、最近流行の表現でいえば「メンバーシップ型」の長期安定雇用が保障できたのである。

第三に、日本の人口が若く、若年労働力の供給が豊富であったことである。ちなみに、高度成長期初期の一九六〇年と、六〇年後の二〇二〇年とを比べてみると、表－1の通りである。一九六〇年の若年人口は二〇二〇年の約二倍であったし、全人口に占める若年人口の比率も約三倍のシェアを占めていた。平均年齢も約二〇歳若かったのである（以上は「国勢調査」による）。両時期の失業率はそれぞれ一・七％、二・八％（「労働力調査」による）であり、一九六〇年の失業率は極めて低かった。こうして、高度成長期における豊富な若年人口の存在と従業員の平均年齢の低さが理解され、他方、そういう労働供給の豊富な中でも、失業率がきわめて低く完全雇用といえるほど、労働需要が旺盛であったことが理解される。現下の日本の労働市場において、企業の成長が低めに推移する中で、人口減と人口の高齢化に伴う若年労働力人口の減少に伴い、労働力・人材不足が指摘される状況とは明らかに異なるのである。

第四に、高度成長期の日本企業は輸出入という取引関係を通じて海外とつながっており、いわば組織としては国内と海外は今ほど強くは結び付いていなかった。しかし、一九八〇年代以降になると海外直接投資（海外での事業経営〔ビジネス〕を通じて利益を求める投資のこと。FDI〔Foreign Direct Investment〕ともいう。海外直接投資を通じて経営資源〔ヒト、モノ、カネ、情報、技術など〕の国際間移動が生まれる）の増大を通じて、日本企業の多国籍企業への移行が進み、海外子会社をどのようにオペレーションするかということが極めて重要となってきた。グローバリゼーションを通じて、日本企業を、「日本 対 海外（またはグローバル）オペレーション」ではなく「グローバルの中の日本企業」という関連でとらえる必要性が高まってきた。日本本社のあり方を海外子会社と同じ土俵の上で考えていかなくてはならなくなってきたといえる。

いずれにせよ、一九九一年のバブル崩壊以降の日本経済の成長力は長期にわたり極めて低く、それに応じて上記のような特殊な時代背景は徐々に終焉の方向に向かっていったことは否めない。このため、「企業が従業員に対し長期の雇用と生活を保障する代わりに、従業員は企業内における配置・昇進や処遇に関する決定権限を会社に委ねる」という暗黙裡の関係は徐々に成り立たなくなってきた。そして以下のような変化が起こった。

まず第一に、内部労働市場は依然として重要な装置ではあるものの、いくつかの点で修正が求められている。「配置・再配置と賃金水準は組織内の制度や規則により決定される」という点は、様々な外部の社会要因により規制されざるを得ない場合が多くなってきた。例えば、共働き世帯の増加、育児・介護の必要性の増大、単身赴任制度への社会の受け取り方の変化、海外派遣を含む配置転換・出向への一部の忌避現象などが新たな制約条件の例になろう。さらに、ＳＤＧｓ（Sustainable Development Goals の略、国連による持続可能な開発目標のこと）、ＥＳＧ（Environment〔環境〕、Social〔社会〕、Governance〔ガバナンス〕を組み合わせた言葉。企業は環境・社会・ガバナンスの三つの視点で取り組みを行うべきという考え）、「国際規格ＩＳＯ３０４１４」（二〇一八年一二月に国際標準化機構〔ＩＳＯ〕が発表した「人的資本」に関する情報開示のガイドラインのこと）などに代表されるような国際機関などからのプッシュにより内部労働市場における様々な取り組みや成果の開示が求められるようになってきている。企業内で秘蔵されてきた技術やノウハウも「オープン・イノベーション」やＢＰＯ（Business Process Outsourcing の略、業務プロセスの一部を一括して専門業者に外部委託すること）が進展する時代にはその比重は低下せざるを得ない。

第二に、「企業は組織を拡大し、組織内において魅力的で安定的な就業機会を提供できた」時代は三〇年以上前の過去のことになりつつある。企業に余剰人員を抱える余裕はすでになく、「従業員の仕事能力が高まればいろいろなポジションを提供すること」はできなくなりつつある。無い袖は振れないのである。

第三に、人口の少子高齢化が世界で最も深刻な程度となっている日本では、労働の供給が労働の需要に柔軟に対応できなくなってきている。上記で指摘した育児・介護の必要性の増大、単身赴任制度への社会の受け取り方の変化、海外派遣を含む配置転換・出向への一部の忌避現象などは、人口の少子高齢化や家族構成の変化と強く関連する制約であろう。

第四に、グローバリゼーションが進む中、VUCA（Volatility〔変動性〕、Uncertainty〔不確実性〕、Complexity〔複雑性〕、Ambiguity〔曖昧性〕の頭文字を取った造語。社会やビジネスにとって、近未来の予測が難しくなってきた状況を指す）といわれる世界の変動が企業のオペレーションに大きな影響を与えている。VUCAの具体的な表れとしては、為替変動、大国間の覇権争いに伴う戦争や紛争を含む地政学的諸問題、地震や気象などの自然環境の大きな変化など様々な事項が考えられるが、本書で取り上げようとしているのはCOVID‐19、いわゆる新型コロナウイルスの世界的蔓延（パンデミック）により一気に浸透したテレワークの我々の働き方と人事管理（人的資源管理：HRM, Human resource management）への影響である。

本書のモチーフ（motif）は次の通りである。すなわち、底流として、先ず、これまでみてきたいくつかの要因によって高度成長期に築かれた「企業が従業員に対し長期の雇用と生活を保障する代わりに、従業員は企業内における配置・昇進や処遇に関する決定権限を会社に委ねる」という暗黙裡の関係は変容を迫られてきていた。その底流に加えて、二〇二〇年初頭から世界に広がった新型コロナウイルスのパンデミックは仕事における「革命的変化」を白日の下に晒し、さらには、企業と従業員の間に存在した暗黙裡の関係の変容を一気に進めた。一気怒涛に進む変容は、本質的には量的変化であるにもかかわらず、根本的な質的変化に等しいインパクトを持つであろう。

徐々に進んでいた変容を一気に進めたという意味では、今日のパンデミックは、幕末の「黒船来航」（一八五三年六月にアメリカの東インド艦隊司令長官ペリーが率いる蒸気船の軍艦四隻が江戸湾〔現東京湾〕に現れ、日本人に衝撃を与えたことを指す）になぞらえることができよう。「泰平の眠りをさます上喜撰たった四盃で夜も寝られず」という有名な狂歌が思い出されるが、パンデミックによるテレワークの一気の進展・浸透が、仕事における「革命的変化」を現出し、企業と従業員の間に存在した暗黙裡の関係の変容を一気に進めていることは、「黒船来航」が江戸社会に与えた影響に近いと考えられよう。

このモチーフの下に、本書は以下のような諸章でもって構成されている。

第一章は、「パンデミック下のテレワークと働き方革命」と題して、パンデミック後のテレワークの進展とその労働や人事への影響を各種のデータでもって素描する。

第二章は、「企業人事部からみるテレワーク――グローバルHR担当者とのディスカッション」と題して、日本の多国籍企業においてグローバル人事を第一線で担当する方々との意見交換を通じて、企業における現状と課題を考える。

第三章は、「越境テレワークから考える「駐妻」のキャリア」というタイトルで、現下のパンデミックの中で自身のキャリアを懸命に模索する女性とのディスカッションを通じて、二〇年以上前の「駐妻」とは異なる現在の「駐妻」像を描く中で、企業の人事の課題にも踏み込めればと考えている。

第四章は、「テレワークに伴う働き方革命と企業の人事権――法的視点から」と題して、パンデミックによるテレワークが労働と人事権に与えた影響を、法的な側面から検討する。

最後の第五章「これからの人材開発と人事ドメイン」では、テレワークを組み込んだ仕事がデファクト・スタンダード（事実上の業界標準）となる中で、企業と従業員との関係のあり方、その中での人事部の役割について考察したい。とりわけ、グローバリゼーションが当たり前となる中での日本の多国籍企業における企業と従業員との関係のあり方、その中での人事部の役割について、著者の私見を入れながら、議論を展開したい。

1　外部労働市場、内部労働市場に関する簡明な解説は、白木三秀編著『人的資源管理の力』文眞堂、二〇一八年の第一章を参照されたい。

目次

第一章　パンデミック下のテレワークと働き方革命

本章では、パンデミック下のテレワークにより、企業の人事施策や従業員の働き方などにどのように急激な変化が起こっているのかを概観する。

序で述べたように、一九九〇年代から徐々にではあるが継続して起こっていた「企業人事と働き方の変化」が、二〇二〇年初めの新型コロナウイルスのパンデミックによって一気に進んだ。したがって「この急激な変化」を「革命的な変化」とみても良いかどうか、以下みてみたい。

ここでテレワークとは、「ＩＣＴ（情報通信技術）を利用し、時間や場所を有効に活用できる柔軟な働き方」（総務省）を指している。具体的には、「テレワークは、働く場所によって、自宅利用型テレワーク（在宅勤務）、移動中や移動の合間に行うモバイルワーク、サテライトオフィスやコワーキングスペースといった施設利用型テレワークのほか、リゾートで行うワーケーションも含めてテレワークと総称」（日本テレワーク協会）する。

このようなテレワーク導入の動きはしかし、新型コロナウイルスのパンデミックから始まったものではない。正木（二〇二〇）も指摘するように、テレワークの歴史は「家庭にインターネットが普及して、２Ｇの携帯電話も普及した二〇〇〇年頃に」遡ることができる。[1]

ちなみに、「日本サテライトオフィス協会」（一九九一年設立）が「日本テレワーク協会」に名称変更したのも、二〇〇〇年のことである。「サテライトオフィス」という概念は、二〇〇〇年前後から広がってきた「テレワーク」の概念の一部に過ぎないことが、この名称変更の底流にある。

一般的に「テレワーク」に期待される効果として、労働時間短縮など働き方改革の推進、通勤時間の削減、生産性の向上、労働人口の拡散などによる地方創生、若年人材の確保・離職防止、業務変革（ＢＰＲ[2]、ＤＸ[3]）、オフィス・コストの削減、多様な働き方の実現（育児、介護と仕事との両立等）などがある。もちろん、業界、職種、企業によりその期待と効果は様々に異なることが考えられる。

コロナ禍の中、日本政府は、緊急事態宣言（第一回：二〇二〇年四月七日―五月二五日、第二回：二〇二一年一月八日―三月二一日、第三回：二〇二一年四月二五日―六月二〇日、第四回：二〇二一年七月一二日―九月三〇日）や、まん延防止等重点措置（二〇二一年四月五日―九月三〇日、二〇二二年一月九日―三月二一日）を次々と発出した。

そのような中で企業は、大企業を先頭に、①感染リスクの回避と②非常時のＢＣＰ

（Business Continuity Plan：事業継続計画）、つまり、従業員が出勤できない中で事業を中断させないための施策として、テレワークならびにそのためにウェブ上でのコミュニケーションの円滑化を図る等の業務変革（BPR、DX）の関連施策を次々に打ち出し、他方で、例外はあるものの、多くの従業員は、にわか仕込みのテレワークによる業務遂行を余儀なくされていったのである。

このような事情とそのことによる影響を以下で具体的に概観し、しかる後に、人事の仕事はどのように変わるのか、仕事や勤務体制はどのように変わるのか、さらには日本と海外とのボーダーやそのつながりのあり方はどのように変化するかなどの我々のテーマへの含意について触れることにしよう。

テレワークの実施状況

パンデミックの初期の時期における企業のテレワークの実施率は、図1-1の通り、緊急事態宣言が出されると急激に高まり、緊急事態宣言が終了するとかなり下がるという変動がみられる。ただし、緊急事態宣言が終了したあとも、それ以前の水準ほどに低くはならな

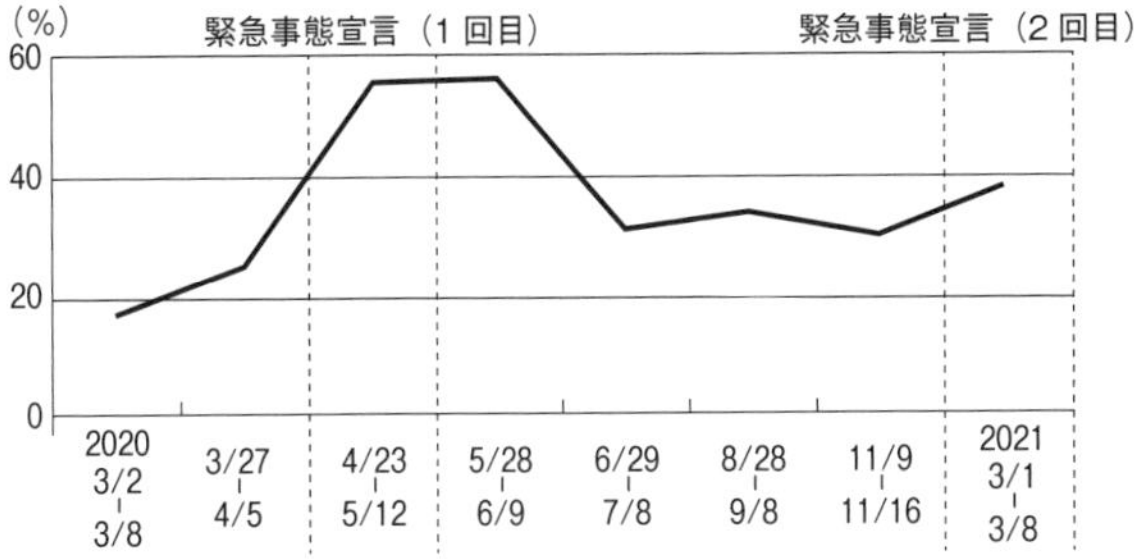

図1-1　企業のテレワーク実施率の推移（2020―2021年）

（出所）東京商工リサーチ「新型コロナウイルスに関するアンケート」調査（第2―6、8、10、14回）を基に総務省作成。https://www.soumu.go.jp/johotsusintokei/whitepaper/ja/r03/html/nd123410.html

い。同図に明らかなように、コロナの蔓延が厳しくなるに従いそれまでの二〇%に満たないテレワークの実施率は四〇%くらいにまで急上昇したが、緊急事態宣言（第一回目）が出されるとさらに一〇—一五%ポイントの上昇がみられ、緊急事態宣言が終了すると大きく下落するが、コロナが始まった頃より一〇—一五%ポイントくらい高いところで高止まりしている。

この時期（二〇二〇—二〇二一年）の就業者（正社員、パート・アルバイト、公務員、自営業者も含む）のテレワーク経験の有無をみたのが、表1-1である。調査対象者の三八%が何らかの形でテレワークを経験している。ここでのテレワークには、在宅勤務によるテレワーク以外にも、サテライトオフィスでのテレ

	回答者数（人）	ある（%）
全体	753	38.0
20－29歳	162	44.4
30－39歳	177	41.8
40－49歳	160	36.9
50－59歳	160	36.9
60歳以上	94	23.4
女性	334	31.1
男性	419	43.4
中小企業	418	27.5
大企業	335	51.0
対象県	484	46.5
非対象県	269	22.7

表１-１　過去１年間（2020―2021年）のテレワーク経験の有無（年齢別、性別、企業規模別、緊急事態宣言の対象県・非対象県別）

（注）　緊急事態宣言の対象県（２回目）：東京都、神奈川県、埼玉県、千葉県、大阪府、兵庫県、京都府、愛知県、岐阜県、福岡県、栃木県。

（出所）　総務省（2021）「ウィズコロナにおけるデジタル活用の実態と利用者意識の変化に関する調査研究」。https://www.soumu.go.jp/johotsusintokei/linkdata/r03_01_houkoku.pdf

ワークや外出先でのテレワーク（モバイルワーク）を含んでいる。

年齢別に経験の有無をみると、二〇歳代・三〇歳代は四〇％を超えるが、六〇歳以上の場合は二三％にとどまり、明らかに若い人ほどテレワークをより多く経験している。性別のテレワーク経験率では、女性三一％、男性四三％で、男性の方が若干高くなっている。

企業規模別にみると、中小企業二八％、大企業五一％と大きな差があり、大企業を中心にテレワークが利用されていることが明らかである。また、緊急事態宣言の対象県・非対象県別にみると、対象県の方で明らかにテレワーク経験率が高いことが分かる。

在宅勤務によりどれくらいの頻度でテレワークを行ったのかを緊急事態宣言期別にみると、第一回目（二〇二〇年四月―五月）では、「ほぼ毎日」が三二・九％と多かったが、第二回目（二〇二一年一月―三月）では二一・〇％に低下しており、むしろ、「週三―四日程度」がやや多くなっている。若干ではあるが、第二回目には在宅勤務の頻度に多様性が表れてきているといえよう（表1-2参照）。

勤務先の職場では何割くらいの人がテレワークで仕事をしていたのだろうか。この点をみたのが、表1-3である。緊急事態宣言期別に職場でのテレワークの実施度をみると、第一回目は調査対象者の六三・七％の職場では半分以上がテレワークで仕事をしていたが、第二回目には同比率は五四・八％と若干低下している。

	第1回目 緊急事態宣言期	第2回 緊急事態宣言期
頻度	100.0（286人）	100.0（286人）
ほぼ毎日	32.9	21.0
週3－4日程度	21.3	24.5
週2日程度	17.1	17.1
週1日程度	12.2	12.6
月に数回程度	12.2	15.0
その他	4.2	9.8

表1－2　在宅勤務の頻度（緊急事態宣言期別）

（出所）表1－1に同じ。

	第1回目 緊急事態宣言期	第2回 緊急事態宣言期
職場の実施度	100.0（286人）	100.0（286人）
ほぼ全員	20.3	14.3
7－10割未満	24.5	21.3
5－7割未満	18.9	19.2
3－5割未満	15.0	15.0
1－3割未満	11.9	16.1
ほとんどない	5.6	10.8
不明	3.8	3.1

表1－3　職場におけるテレワークの実施度（緊急事態宣言期別）

（出所）表1－1に同じ。

こうして、緊急事態宣言期が第一回目から第二回目になるに従い、個人的にも職場的にもテレワークの実施方法に多様性が広がってきていたことが分かる。

別の調査で期間をより長めにとり、二〇二〇年以降二〇二二年までの正社員のテレワーク実施率の推移をみると、図1-2の通りである。明らかにパンデミックの第一波が始まったばかりの時期の実施率一三・二％と比べると、その後の実施率は二五―三〇％の間で推移しており、高くなったといえる。ただし、その高さは第六波の頃の二〇二二年二月頃の実施率二八・五％を頂点として、その後ピーク・アウトしてきているようにもみえる。

図1-3は、テレワーク実施率の推移を企業規模別にみたものである。この図からいくつかのことが分かる。第一に、二〇二〇年初めにパンデミックが広がった際に、テレワークが企業規模にかかわらず一斉に上昇している。第二に、その後、テレワーク実施率は二〇二二年の半ばを過ぎるとその比率は従業員一〇〇〇人以上の大企業でより顕著に低下傾向を示している。第三に、テレワーク実施率には、企業規模別に大きな違いがある。

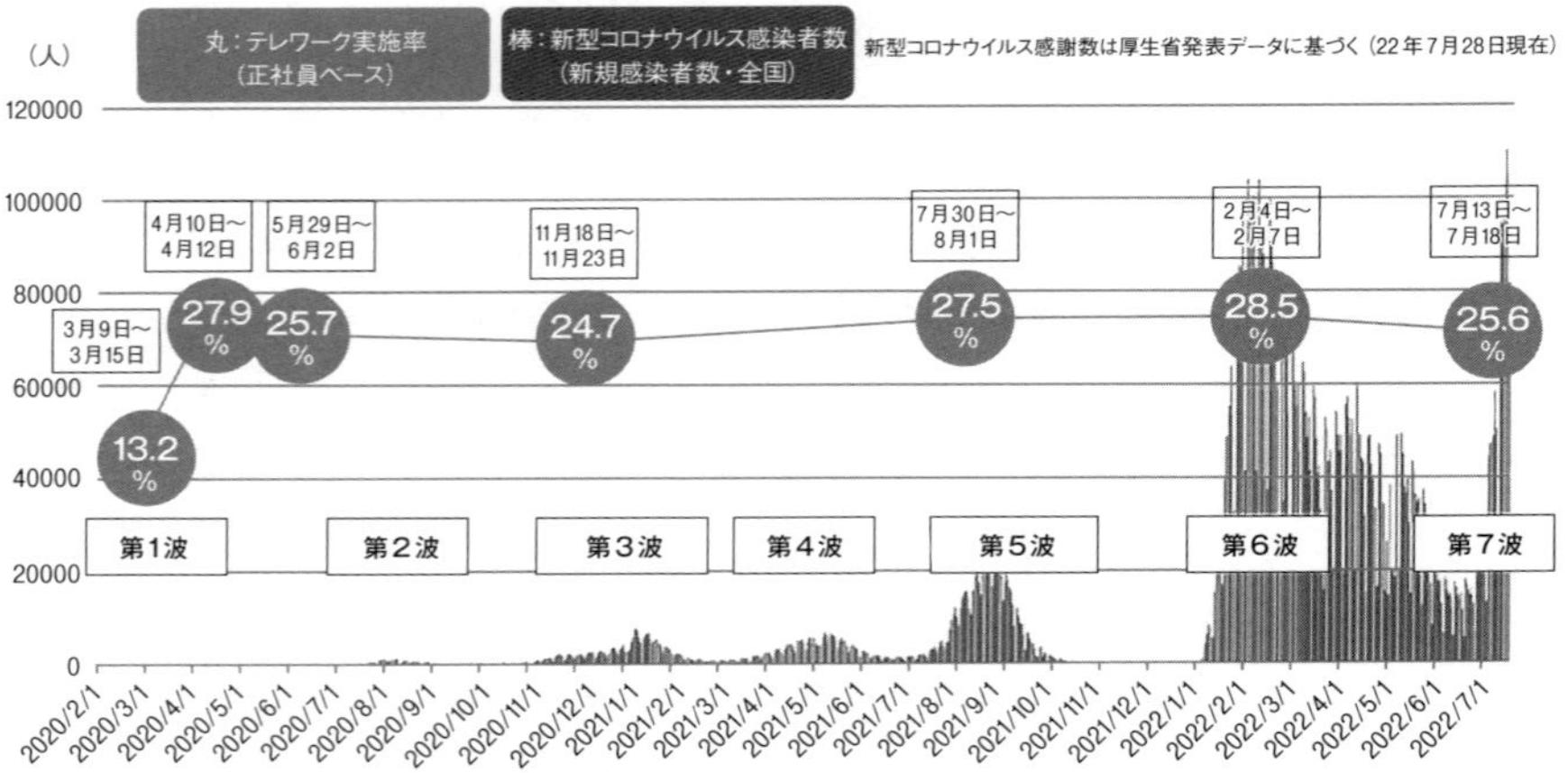

図1－2　新型コロナウイルス感染者数とテレワーク実施率の推移（正社員ベース）

（注）　調査方法：調査会社モニターを用いたインターネット定量調査。

（出所）　パーソル総合研究所「第七回・新型コロナウイルス対策によるテレワークへの影響に関する調査」。
https://rc.persol-group.co.jp/thinktank/data/telework-survey7.html

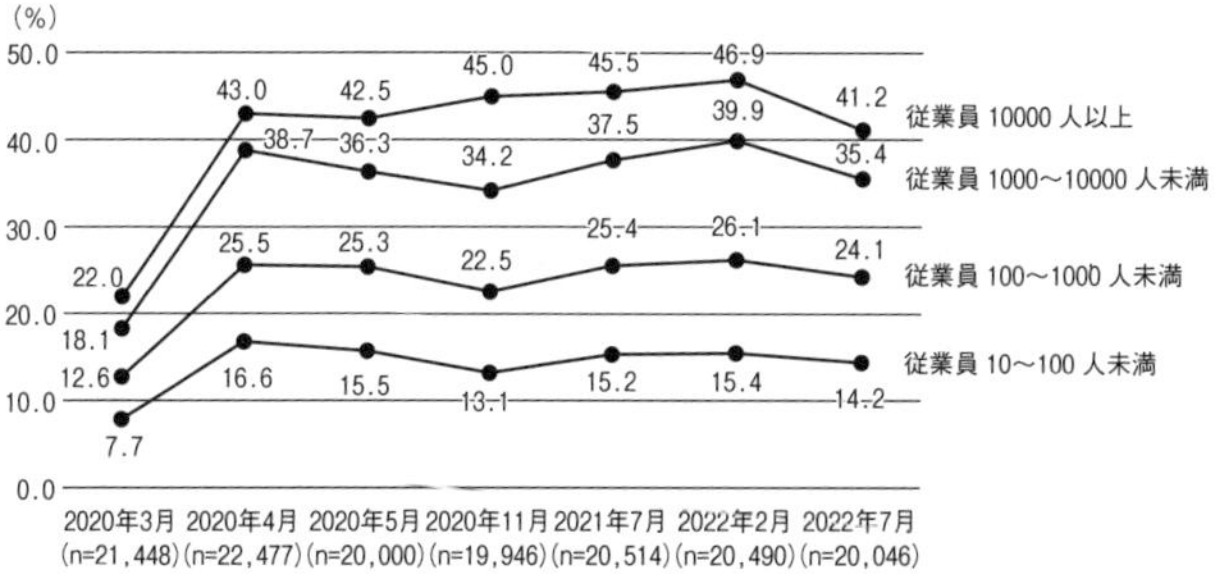

図1－3　企業規模別テレワーク実施率の推移（正社員ベース）

（注）（出所）　図1－2に同じ。

テレワーク実施に関する企業方針を図1-4でみると、最も多いのは、テレワークに関して企業から特に案内がない（六一・二%）ということである。テレワークが業務命令になっているところも数パーセントあるが、テレワークを企業が推奨するという形が約三割となっている。企業全体で方針を示すというよりは、事業部門や職場ごとの実情に合わせて柔軟に対応しているためかもしれない。これらの点については第二章の企業座談会でより具体的に検討することにしよう。

それでは、テレワークの実施者は、今後ともテレワークを実施したいのだろうか。この点についての回答結果が表1-4に示されている。全体では、「継続したい」（四三・七%）、「どちらかといえば継続したい」（二二・七%）と

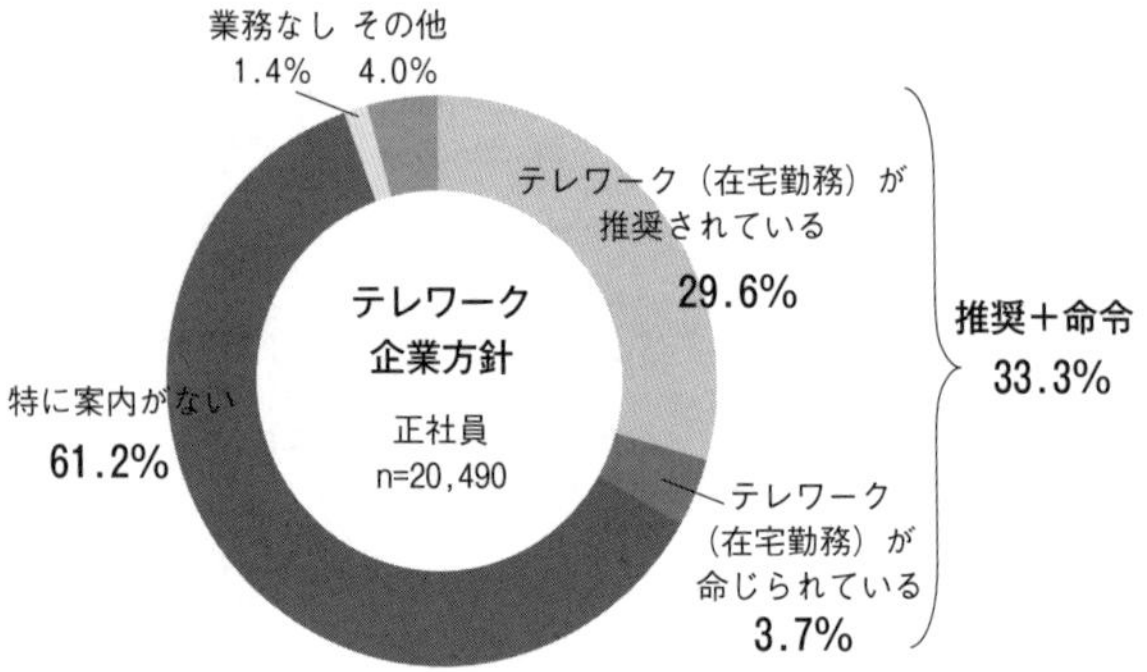

図1－4　テレワークに関する企業方針（正社員ベース）

（注）（出所）　図1－2に同じ。

なっており、明らかに継続希望者は六六・四％と全体の四分の三を占めて、多いといえる。企業の人事担当者もこの点は充分に理解するところであるが、企業方針、事業や職務の特性により一様でないことは第二章であきらかになる。

テレワーク経験者は全般的に、今後ともテレワークを希望しているが、年齢別にこれをみると、二〇歳代・三〇歳代の若い人ほどテレワークの継続希望者が多く、男性より女性の方で継続希望者がやや多くなっている。ただし、企業規模別ではほとんど違いがみられない。

こうして、若い人を中心に、テレワーク経験者は今後ともテレワークを希望しているといえそうである。

	回答者数（人）	継続したい	どちらかといえば継続したい	どちらともいえない	どちらかといえば継続したくない	継続したくない
全体	286	43.7	22.7	15.4	11.9	6.3
20－29歳	72	48.6	27.8	5.6	13.9	4.2
30－39歳	74	55.4	16.2	17.6	6.8	4.1
40－49歳	59	35.6	22	22	13.6	6.8
50－59歳	59	35.6	27.1	15.3	11.9	10.2
60歳以上	22	31.8	18.2	22.7	18.2	9.1
女性	104	51	21.2	12.5	8.7	6.7
男性	182	39.6	23.6	17	13.7	6
中小企業	115	45.2	18.3	14.8	12.2	9.6
大企業	171	42.7	25.7	15.8	11.7	4.1

表1－4　テレワークの今後の継続希望（年齢別、性別、企業規模別）

（出所）表1－1に同じ。

別の調査でこの点を時系列で確認すると、図1－5の通りである。テレワーク実施者のテレワーク継続希望率を時系列でみると、二〇二〇年四月の五三％から二〇二二年七月の八一％まで上昇していることが分かる。継続希望率も八〇％を超えると、さすがに高止まりとなっているようである。

より具体的に業種別のテレワーク実施率をみたのが、表1－5である。テレワーク実施率の高い業種としては、情報通信業が六〇・〇％と突出しているが、これに大きく離れて続くのが学

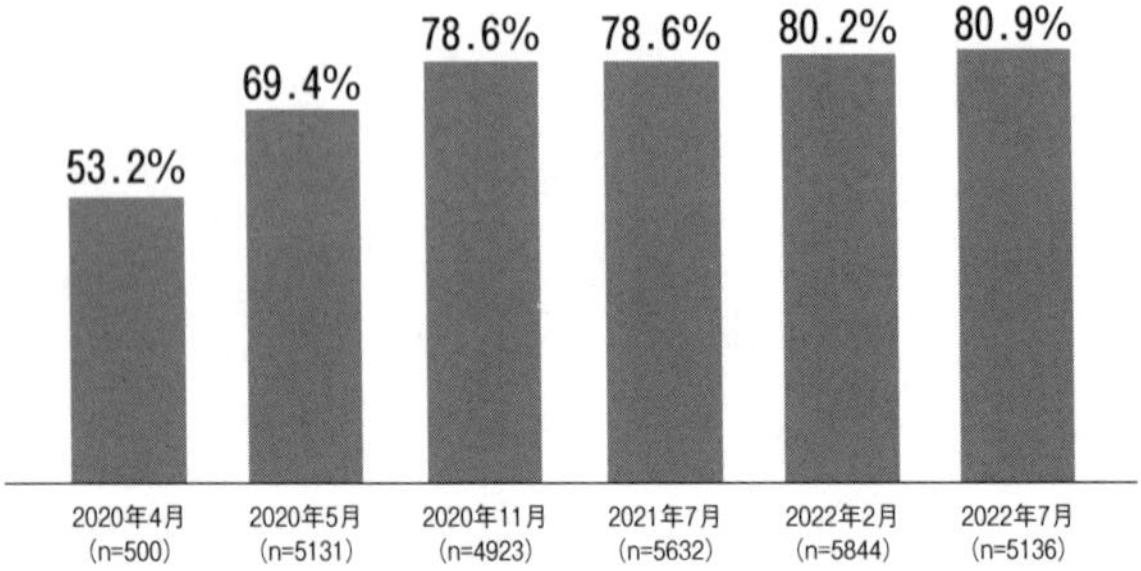

図1－5　テレワーク実施者のテレワーク継続希望意向の推移

（出所）　図1－2に同じ。

術研究、専門・技術サービス業（三六・九％）、不動産業、物品賃貸業（三一・三％）、金融業、保険業（三〇・八％）である。逆に、テレワーク実施率の低い業界には、医療、介護、福祉（七・三％）、運輸業、郵便業（一〇・二％）、宿泊業、飲食サービス業（一二・八％）などが含まれる。

続いて職種別のテレワーク実施率をみたのが、表1－6である。テレワーク実施率が六〇％以上と高い職種には、Ｗｅｂクリエイティブ職、コンサルタント、それに、ＩＴ系技術職が入っている。

他方、テレワーク実施率が一〇％未満と低い職種には、教育関連、医療系専門職、【飲食】接客・サービス系職種、販売職（販売店員、レジなど）、警備・清掃・ビ

	7月の サンプル数	7月 テレワーク 実施率(%)	2022年2月 第6波時 (%)	2月からの 実施率変 (pt)
建設業	(1367)	21.9	25.3	-3.4
製造業	(5751)	26.8	31.0	-4.2
電気・ガス・熱供給・水道業	(396)	28.3	31.8	-3.5
情報通信業	(1652)	60.0	63.0	-3.0
運輸業、郵便業	(1503)	10.2	13.1	-2.9
卸売業、小売業	(2004)	19.6	21.0	-1.4
金融業、保険業	(1218)	30.8	36.0	-5.2
不動産業、物品賃貸業	(426)	31.3	25.3	6.0
学術研究、専門・技術サービス業	(206)	36.9	43.8	-6.9
宿泊業、飲食サービス業	(424)	12.8	10.2	2.6
生活関連サービス業、娯楽業	(421)	14.6	19.5	-4.9
教育、学習支援業	(347)	18.9	19.8	-0.9
医療、介護、福祉	(1638)	7.3	7.0	0.3
その他のサービス業	(1772)	27.6	29.0	-1.4
上記以外の業種	(921)	30.0	33.4	-3.4

表1－5　業種別テレワーク実施率（2022年7月）

（注）サンプル数は性別・年代の補正のためのウェイトバック後の数値。
（出所）図1－2に同じ。

	7月のサンプル数	7月テレワーク実施率（%）	2022年2月第6波時（%）	2月からの実施率変化（pt）
Webクリエイティブ職	(54)	70.1	76.9	-6.8
コンサルタント	(55)	68.4	53.3	15.1
IT系技術職	(1358)	64.9	65.5	-0.6
企画・マーケティング	(331)	55.3	61.4	-6.1
経営企画	(467)	55.1	54.9	0.2
商品開発・研究	(792)	46.7	53.2	-6.5
広報・宣伝・編集	(93)	45.8	54.2	-8.4
営業推進・営業企画	(558)	36.9	43.2	-6.3
クリエイティブ職（デザイン・ディレクターなど）	(117)	35.6	33.2	2.4
総務・人事	(1507)	34.8	37.3	-2.5
営業職（法人向け営業）	(1407)	34.2	40.4	-6.2
資材・購買	(298)	32.5	35.2	-2.7
財務・会計・経理・法務	(1186)	29.7	34.5	-4.8
営業事務・営業アシスタント	(646)	27.2	29.8	-2.6
顧客サービス・サポート	(404)	25.5	26.6	-1.1
事務・アシスタント	(2027)	21.6	25.7	-4.1
その他専門職	(212)	21.6	26.1	-4.5
その他職種	(1016)	20.1	21.5	-1.4
生産技術・生産管理・品質管理	(1238)	20.1	23.5	-3.4
建築・土木系技術職（施工管理・設計系）	(392)	19.5	24.7	-5.2
受付・秘書	(106)	13.6	18.4	-4.8
軽作業	(72)	12.6	4.6	8.0
営業職（個人向け営業）	(606)	11.1	20.2	-9.1
建築・土木系技術職	(154)	10.9	4.8	6.1
教育関連	(96)	9.1	15.3	-6.2
医療系専門職	(314)	7.3	6.5	0.8
【飲食】接客・サービス系職種	(212)	6.8	5.3	1.5
販売職（販売店員、レジなど）	(595)	6.3	6.0	0.3
警備・清掃・ビル管理	(281)	5.0	6.7	-1.7
製造（組立・加工）	(1416)	4.4	4.5	-0.1
福祉系専門職（介護士・ヘルパーなど）	(619)	3.6	4.3	-0.7
配送・倉庫管理・物流	(347)	3.5	5.8	-2.3
【飲食以外】接客・サービス系職種	(347)	3.4	7.7	-4.3
理美容師	(32)	3.2	3.5	-0.3
ドライバー	(586)	2.4	2.7	-0.3
幼稚園教諭・保育士	(106)	0.6	1.1	-0.5

表1－6　職種別テレワーク実施率（2022年7月）

（注）（出所）　表1－5に同じ。

ル管理、製造（組立・加工）、福祉系専門職（介護士・ヘルパーなど）、配送・倉庫管理・物流、【飲食以外】接客・サービス系職種、理美容師、ドライバー、それに、幼稚園教諭・保育士など多様な職種が含まれる。これらの職種はおしなべて人との接触が求められるものが多く、エッセンシャル・ワーカーと呼ばれる社会インフラを支える人が多い。さらには、低所得の人も比較的多く含まれるという特徴がある。

テレワークの実施率やその継続希望の状況は以上の通りであるが、やはり気になるのはテレワークの仕事面、生活面への効果・影響である。次項でその点をみてみよう。

テレワークの業務面・生活面への影響

図1-6は、テレワークのメリットは何かを問うた結果である。スコアの高い順に①「通勤時間を有効活用できるようになった」（四八・八％）、②「家族との時間が増えた」（二三・四％）、③「上司や同僚に直接会わなくてよい」（二一・九％）、④「趣味の時間が増えた」（二〇・五％）などとなっている。

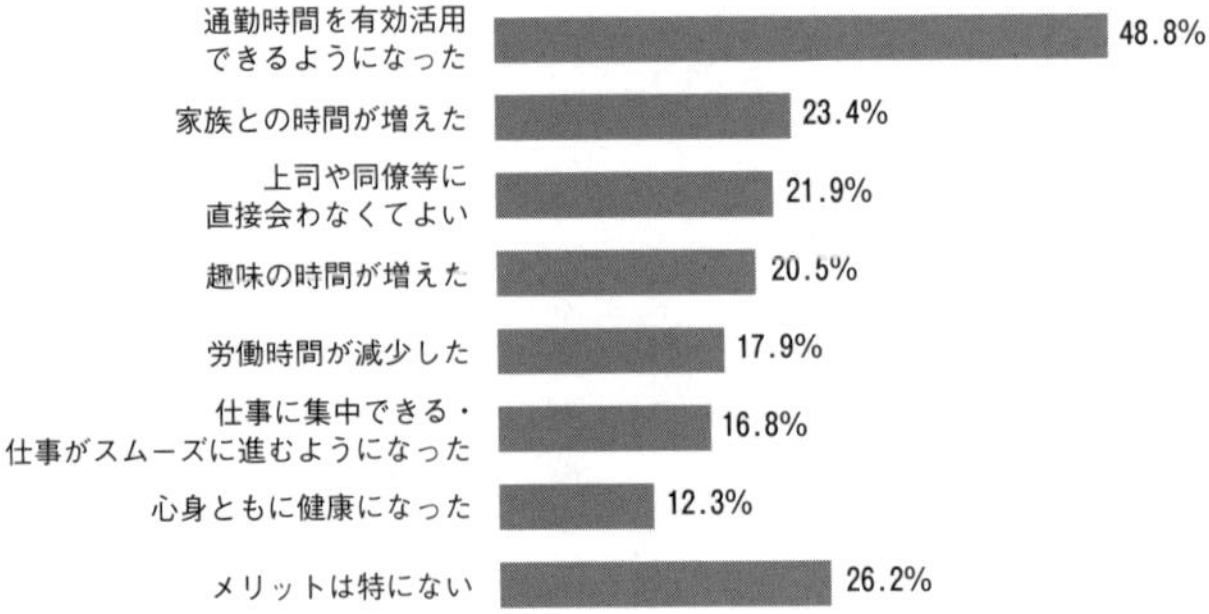

図1-6　テレワークのメリット（複数回答）

（注）　調査対象は、全国・15—79歳のテレワークを実施している男女1,461人。
（出所）　NTT ドコモモバイル社会研究所調査「2022年次世代ライフスタイル調査」（2022年）。https://www.moba-ken.jp/project/lifestyle/20221003.html

通勤時間が節約できて、その分を色々と活用できるというのが最も大きい。通勤時間が無くなった分、仕事に集中する時間が増えるなど業務面でのメリットが大きいし、家族との時間や趣味の時間に使うこともできるであろう。仕事と生活に時間的余裕ができるという点が大きいとみることができる。

他方、テレワークのメリットとして三番目に「上司や同僚に直接会わなくてよい」が挙げられている。これは、どのように解釈すべきだろうか。職場でのアイドル・タイム（関心を持てないテーマで上司や同僚との雑談につき合わされるなど）を節約できて仕事に集中できるというポジティブな事情と、一方で職場の人間関係に何らかの課題を抱えているというネガティブな事情とが併存しているのかもしれな

	通勤時間を有効活用できるようになった	家族との時間が増えた	上司や同僚等に直接会わなくてよい	趣味の時間が増えた	労働時間が減少した	仕事に集中できる・仕事がスムーズに進むようになった	心身ともに健康になった	メリットは特にない
事務系・技術系従事者	58.7%	22.9%	24.4%	20.2%	18.8%	20.4%	14.4%	20.3%
現業系・サービス系従事者	39.9%	23.9%	24.6%	18.1%	25.4%	12.3%	8.7%	31.9%
役職・管理職・自由業	42.2%	23.4%	15.6%	21.4%	19.5%	16.2%	10.4%	27.9%
商工・自営業	29.8%	24.6%	19.3%	17.5%	10.5%	19.3%	14.0%	36.8%
パート・アルバイト	38.1%	16.8%	18.6%	16.8%	15.0%	10.6%	8.8%	37.2%
全体	48.8%	23.4%	21.9%	20.5%	17.9%	16.8%	12.3%	26.2%

表1-7　テレワークのメリット（複数回答、職種別）

（注）（出所）　図1-6に同じ。

い。

なお、「メリットは特にない」という回答者も二六・二％存在しており、約四分の一の回答者はテレワークの恩恵に浴していないことに留意しておく必要がある。

上記の点をより詳しくみるために、職種別に「テレワークのメリット」をみたのが、表1-7である。

同表から明らかなように、「通勤時間を有効活用できるようになった」恩恵にとりわけ浴しているのが、事務系・技術系従事者である。また、現業系・サービス系従事者は、労働時間が減少したというスコアが相対的に高めとなって

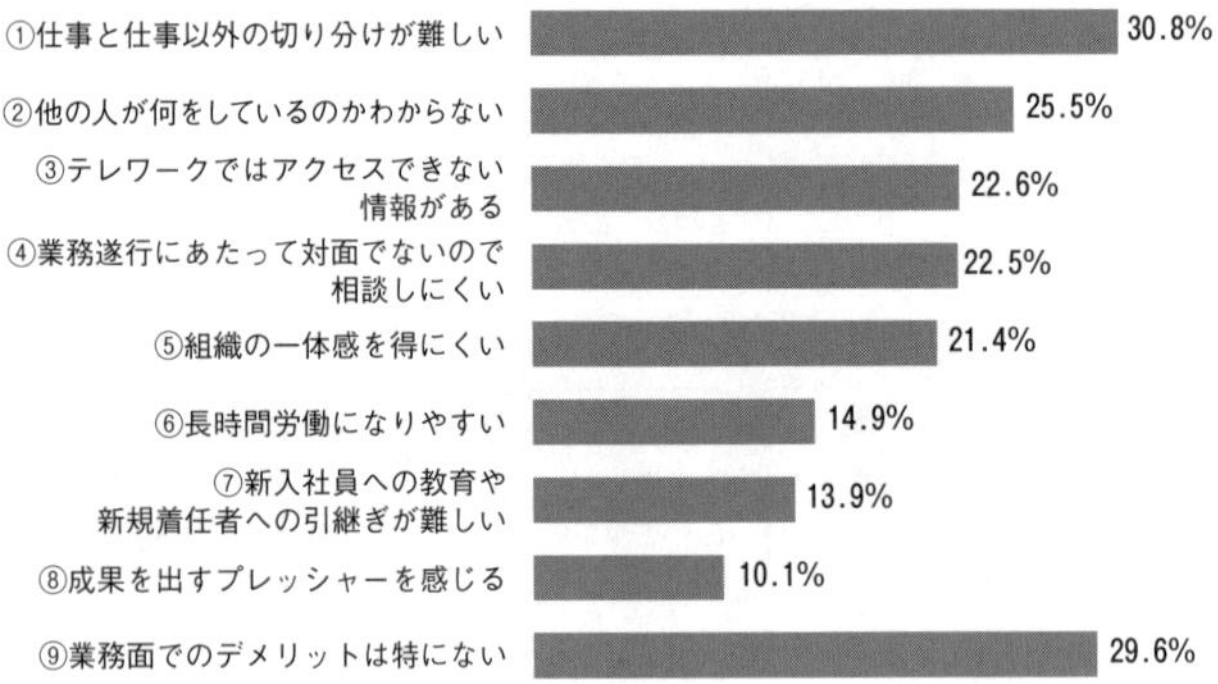

図1－7　テレワークの業務面でのデメリット（複数回答）

（注）（出所）　図1－6に同じ。

おり、現業系・サービス系従業者では少数派であるかもしれないものの、テレワークを何らかの形で利用できる場合はテレワークの恩恵を受けているものとみられる。

同時に着目されるべきは、商工・自営業とパート・アルバイト従事者では、「メリットは特にない」というスコアが四割弱に達することである。これらの仕事の従事者は労働時間の長短により処遇されるため、テレワークのメリットがほとんど及んでいないといってよい。

続いてテレワークの「業務面でのデメリット」をみてみよう。図1-7がそのための図である。

同図に明らかなように、テレワークの業務面でのデメリットの最大のものは、①「仕事と仕事以外の切り分けが難しい」（三〇・八%）ことである。自宅で仕事をしていると、リラックスしている時間、家事育児の時間、仕事の時間などが渾然一体となりやすいことは理解しやすいことである。

これに続くデメリットには、②「他の人が何をしているのかわからない」（二五・五%）、③「テレワークではアクセスできない情報がある」（二二・六%）、それに④「業務遂行にあたって対面でないので相談しにくい」（二二・五%）などがある。②と③などの選択肢は、コミュニケーションの問題といってよい。特に④のように、ちょっとしたことを隣の人と相談して解決するという訳にはいかないので、テレワークではストレスが溜まりがちとなる可能性がある。

なお、⑨「業務面でのデメリットは特にない」という回答も約三分の一（二九・六%）みられる。

続いて、表1-8により、職種別にテレワーク導入による「業務面でのデメリット」をみてみよう。まず、商工・自営業では、①「仕事と仕事以外の切り分けが難しい」のスコアは

	①仕事と仕事以外の切り分けが難しい	②他の人が何をしているのかわからない	③テレワークではアクセスできない情報がある	④業務遂行にあたって対面でないので相談しにくい	⑤組織の一体感を得にくい	⑥長時間労働になりやすい	⑦新入社員への教育や新規着任者への引継ぎが難しい	⑧成果を出すプレッシャーを感じる	⑨業務面でのデメリットは特にない
事務系・技術系従事者	34.3%	28.6%	28.2%	26.2%	22.7%	15.3%	13.3%	11.9%	22.5%
現業系・サービス系従事者	28.3%	29.7%	20.3%	23.2%	29.7%	15.9%	12.3%	13.0%	33.3%
役職・管理職・自由業	33.8%	26.6%	20.1%	22.1%	28.6%	11.7%	22.1%	5.2%	30.5%
商工・自営業	15.8%	19.3%	19.3%	19.3%	15.8%	19.3%	8.8%	10.5%	45.6%
パート・アルバイト	26.5%	12.4%	15.0%	15.0%	13.3%	15.0%	11.5%	4.4%	39.8%
全体	30.8%	25.5%	22.6%	22.5%	21.4%	14.9%	13.9%	10.1%	29.6%

表1－8　テレワークの業務面でのデメリット（複数回答、職種別）

（注）（出所）　図1－6に同じ。

一五・八％と極めて低いが、これは、テレワークの導入如何にかかわらず、仕事と仕事以外の切り分けができないような働き方が常態化しているためであろう。

パート・アルバイトでは、②「他の人が何をしているのかわからない」のスコアが極めて低く、また、③「テレワークではアクセスできない情報がある」、④「業務遂行にあたって対面でないので相談しにくい」、⑤「職場の一体感を得にくい」などの項目のスコアもかなり低いが、これは、それらの項目での影響が少ないことを示している。テレワークの導入如何にかかわらず、パート・アルバイトの仕事の割り当て方がもともと分業化され、「ジョブ型」になっているからであろう。

現業系・サービス系従事者では、テレワーク下で⑤「職場の一体感を得にくい」というスコアが相対的に高く、また役員・管理職・自由業ではテレワーク下で⑤「職場の一体感を得にくい」と⑦「新入社員への教育や新規着任者への引継ぎが難しい」のスコアが相対的に高くなっており、これらの側面での影響が大きかったといえる。経営・管理職にしても、現業系・サービス系従事者にしても、部下、同僚との直接かつ密度の濃いコミュニケーションが重要であるという具体的な議論は第二章でも示される通りである。

なお、テレワークによる⑨「業務面でのデメリットは特にない」というスコアが特に高いのは、商工・自営業とパート・アルバイトである。前掲の表1-7でもみたように、商工・自営業とパート・アルバイト従事者には、テレワークによる「メリットは特にない」というスコアが突出していたが、「デメリットも特にない」のである。これは、商工・自営業とパート・アルバイト従事者が、テレワークで仕事をすることが他の職種と比べて極めて少ないことを反映しているためかもしれない。ただし、そもそもパート・アルバイトにテレワークを認めないことについては、法的な問題が絡むかもしれない。この点については、第四章

	リモートワークの方が捗る	差がない	オフィスワークの方が捗る	非該当
個人作業	41.1	32.5	23.3	3.2
社内会議	22.6	40.0	33.5	3.9
社外も交えた会議	20.2	41.1	28.9	9.7
上司・部下への報告作業	18.6	43.8	35.4	2.3
意思決定	17.5	49.1	30.7	2.6
ちょっとした相談	15.4	35.7	46.9	2.1

表1－9　オフィスで捗る仕事とリモートワークで捗る仕事（%）

（注）　N＝3,000人

（出所）　株式会社オカムラ『働き方・働く場の変化に関する調査』（2021年）。https://www.okamura.co.jp/office/download/001148.html

で言及する。

どういう仕事がオフィスで捗り、どういう仕事がリモートで捗るのかについて、調査した結果がある。それが表1－9である。

同表から明らかなように、多くの仕事（社内会議、社外も交えた会議、上司・部下への報告作業、意思決定）は、オフィスで行ってもリモートで行っても「差がない」という回答が最も多くなっているが、どちらかといえば「オフィスワークの方が捗る」ようである。

例外は二つあり、一つ目は、「ちょっとした相談」である。これは、オフィスで行う方が、効率が良い。「ちょっとした相談」はリモートワーク

	（159人）100.0
上がった	23.3
やや上がった	43.4
やや下がった	27.0
下がった	6.3

表1-10　テレワーク勤務による仕事の効率（%）

（注）対象者：在宅勤務によるテレワーク従事者。
（出所）日本生産性本部『第12回 働く人の意識調査』（2023年1月）。https://www.jpc-net.jp/research/detail/006234.html

では非効率で行いにくいのである。広い意味では、密度の濃いコミュニケーションはリモートワークでは難しいということであろう。

二つ目は、「個人作業」である。一人で集中して行いたい「個人作業」は、周囲に上司・同僚がいるオフィスよりもリモートワークに向いている。もちろん、その場合、自宅等でリモートワークの環境が整っていることが前提となる。

テレワーク勤務により仕事の効率はどのように変化するのだろうか。表1-10は、在宅テレワーカーにその点を尋ねた結果である。

仕事効率は向上した（二三・三%）と仕事効率はやや向上した（四三・四%）を合わせると、七割弱（六六・七%）の在宅テレワーカーは仕事の効率が向上したとポジティブに捉え

	（159人）100.0
満足している	39.0
どちらかといえば満足	48.4
どちらかといえば不満	7.5
満足していない	5.0

表1-11　テレワーク勤務による満足（%）

（注）（出所）　表1-10に同じ。

ていることが分かる。もちろん、在宅テレワーカーの仕事効率には、仕事自体がテレワークに向いているかどうか、上司・企業側の対応、自宅の仕事環境など様々な要因が絡んでいるため、この数値がどの場面にでも一義的に妥当するわけではない。

在宅テレワーカーのテレワーク勤務への満足度を尋ねた結果が表1-11である。この表から、在宅テレワーカーの九割弱（満足している三九・〇%＋どちらかといえば満足四八・四%＝八七・四%）がテレワーク勤務に満足していることが分かる。不満を抱える人は約一割に過ぎない。仕事自体がテレワークに向いていない場合や、テレワーク勤務に満足できない人や課題を抱える人は、選択の自由が許されるならば、テレワークでなくオフィスワークを選択しているからかもしれない。

	(185人) 100.0
① 仕事の成果が適切に評価されるかどうか不安	31.4
② 仕事振り（プロセス）が適切に評価されるかどうか不安	21.1
③ オフィスで勤務する者との評価の公平性	22.2
④ 上司・先輩から十分な指導を受けられない	14.6
⑤ 業務報告がわずらわしい	22.2
⑥ 勤務時間管理が働き方にそぐわない	11.9
⑦ 孤独感や疎外感	14.6
⑧ 健康維持や勤務中の事故が心配	13.5
⑨ その他	4.9
⑩ 特に課題は感じていない	27.6

表1-12　労務管理の面での課題（複数回答、%）

（注）対象者に在宅のみならず、サテライトオフィス、モバイルワークスによるテレワーク従事者を含む。
（出所）表1-10に同じ。

テレワーク勤務者は人事労務管理面でどのような課題を抱えているのだろうか。表1-12によると、特に課題がないという人も二七・六％いるが、それ以外のテレワーク勤務者は様々な課題を抱えている。

スコアの高い順にいくつかみると、①仕事の成果が適切に評価されるかどうか不安、②仕事振り（プロセス）が適切に評価されるかどうか不安、③オフィスで勤務する者との評価の公平性、⑤業務報告がわずらわしい、などがある。

リモートワークによる業務報告の

煩わしさを除くと、残る三つの課題はすべて評価に関わっている。「成果」を適切に評価してもらえるのかどうか、「仕事への取り組み姿勢」や「頑張り」など仕事ぶりや仕事のプロセスをみてもらえるのかどうか、さらには、オフィスから離れているがゆえに上司の目が届かず、オフィス勤務者と比べて評価が不利にならないかどうか。いずれも、人事評価の肝であるため、人事部、上司による十分な配慮、並びに評価制度・方法の適正化が求められる。

もちろん、スコアはそれほど高くないが、「上司・先輩から十分な指導を受けられない」、「孤独感や疎外感」という問題は、リモートワークに常に付随する課題である。これらの問題意識は第二章の企業の人事担当者側の意見にも示されている。

最後に、テレワーク勤務者が、新型コロナウイルスの収束後にテレワーク勤務をどれくらい望んでいるのかを確かめたい。表1-13はそのための素材である。

同表によると、現在のテレワーク勤務者の八—九割（八四・九％）は、新型コロナウイルスの収束後もテレワーク勤務を希望していることが分かる。もちろん、この比率の高さには、「サンプリング・バイアス」（標本抽出の行い方によっては、母集団を代表しない特定の性質

	（185人）100.0
そう思う	45.4
こちらかといえばそう思う	39.5
こちらかといえばそう思わない	9.7
そう思わない	5.4

表1-13　新型コロナウイルス収束後のテレワーク希望（%）

（注）（出所）　表1-10に同じ。

のデータが多く含まれる場合があること）のように、担当職務ならびに当該勤務者がテレワークに向いている人だけが対象となっているかもしれないという前提なりバイアスがかかっているため、その解釈に留意が必要である。上司、人事担当者は、この状況を良く踏まえたうえで、新型コロナウイルスの収束後の人事を構想する必要がある。

もちろん、テレワーク勤務者はホワイトカラーに集中しているという実態を踏まえ、テレワーク勤務を行っていない、または、テレワーク勤務を行えない業務従事者への配慮も忘れるべきではないことはいうまでもない。

むすび

本章では、パンデミック下でどれくらいテレワークが急激に進み、大企業、ホワイトカラーを中心に働き方革命が進行しているのかを、広く行われた調査結果を検討することを通じて考察してきた。

若干の発見を記すことにより、本章のむすびとしたい。

第一は、テレワーク勤務者は様々な不安、とりわけ自分の仕事評価への懸念を抱えながらも、仕事を生活の一部に組み込むという意味で、ワーク・イン・ライフ（仕事と生活を切り離して両者のバランスを考えようという「ワーク・ライフ・バランス〔WLB〕」と比べて、仕事を人生の中の一部としてより人生を楽しもうという姿勢が強い考え方）ともいうべき在宅型のテレワークをパンデミック収束後も希望している。企業の経営管理者、とりわけ人事担当者はこの流れをしっかりと見据えたうえで今後の施策を打っていく必要がある。

第二は、テレワーク勤務と生産効率との関係性である。グローバリゼーション、ダイバーシティなど「新しい試み」は常にそうであるが、テレワーク勤務は、二〇二〇年初めに一気に広がったパンデミック下で、急激に職場に浸透した。そういう意味で「新しい試み」であり、働き方の革新（働き方革命の一部を構成）そのものである。「新しい試み」においては、初期段階では「新しい試み」に付随する「複雑さ」のゆえに、葛藤・紛糾が付きものであり、当初は生産性の低下は避けられない。生産性が向上し付加価値が増大するのは、その

「新しい試み」と「複雑さ」・「煩雑さ」を学習し、それに慣れ親しんでからのことである。これをテレワーク勤務と生産効率との関係に当てはめると、テレワーク導入当初は紛糾と効率性低下が避けられない（この点について、第二章の企業人事担当者との座談会で、詳細に話をうかがっている）。テレワーク経験が長くなるに従い、様々な知識・スキル・知見が蓄積され、中長期的には、テレワークに付随する様々なノウハウを駆使することにより、仕事の成果・効率の向上を超えて、あらたな生産プロセス革新、新製品開発、マーケット開拓などに結び付くことになろう。したがって、テレワークという「新しい試み」と「複雑さ」・「煩雑さ」の初期においては、その導入の根拠を社内で共有し、テレワーク環境と設備への投資はいうまでもなく、スタッフのスキル・知識を高め学習を継続させるための継続的な投資が不可欠となる。より根本的には、スタッフの前向きのマインドセットの醸成が求められることになる。現在はこの葛藤・紛糾のステージを乗り越えようとする段階であろう。

第三に、本章ではこれまで、海外との繋がりについては明示的に取り扱ってこなかった。しかし、「テレワーク」という言葉の中には、本質的に「時」と「場所」を超えるという観念が内包されている。したがって、以下の諸章で多国籍企業の人事や働き方を考える場合に

「テレワーク」は不可欠な要素となっているのである。身近な例を出そう。私の知人の一人に大手メーカーでグローバル人事を担当している方がいる。この方の仕事は、国内の仕事をする際にはオフィスワークとなり、海外子会社・M&Aで買収した会社との仕事、特に米州、ヨーロッパに所在するそれらの会社の人事（HR）部門の同僚とのオンラインでのやり取りは、相手国との時差の関係で朝早かったり、夜遅かったりするため、在宅勤務型のテレワークでないと対応できないとのことである。これは「テレワーク」はすでに、国境を越える働き方を含んでいるということの一例に過ぎない。

次章以降では、企業の人事の方々とのディスカッションを行い、テレワークで華麗に仕事人生を送る「駐妻」とのディスカッションを進め、さらには、働き方革命と人事権に関連する法的な展開を見極めながら、さらに本書のテーマを深めていきたい。

1　正木威寛「Before コロナと With コロナ、テレワークのここが違う」（株式会社オージス総研WEBマガジン、二〇二〇・七・二七）https://www.ogis-ri.co.jp/rad/webmaga/rwm20200703.html

2　ＢＰＲ（Business Process Re-engineering）とは、業務の本来の目的に沿うように既存の組織や制度を抜本的に見直して、業務フローや情報システム、職務内容などを再設計することを指す。

3　ＤＸ（Digital Transformation）とは、企業が、ビッグデータなどのデータとＡＩ（人工知能）やＩｏＴ（Internet of Things：モノのインターネット）を始めとするデジタル技術を活用して業務プロセスを改善し、さらに、製品やサービス、ビジネスモデルや組織、企業文化、風土をも改革し、競争上の優位性を確立することを指す。

第二章　企業人事部からみるテレワーク

――グローバルＨＲ担当者とのディスカッション

本章では、実際にグローバル人事を担当されている方々にお集まりいただき、テレワーク実施の状況、課題、それから生まれる様々な影響などについてお話を伺った。インタビューは、二〇二二年三月二二日、オンラインにて開催したが、その後、同年一二月末まで加筆修正などをしてもらったものである。ご参加いただいたのは以下の方々である。

【主な参加者】
企業人事担当者
電子部品メーカー　Aさん、輸送関連メーカー　Bさん、計測機器メーカー　Cさん、家電メーカー　Dさん
司会：白木

1　テレワークの現状と仕事への影響

白木　現在のコロナ禍で働き方に大きな変化が起こっているのではないか。私はもはや「働き方改革」という生ぬるいものではなく、「働き方革命」が起きていると考えています。今日は、現場のど真ん中にいらっしゃる人事のご担当者の話を伺いたく、お集まりいただきました。

まず、最初の質問ですが、コロナ後のテレワーク導入の現状と仕事への影響、特に国内オペレーションで今どういうことが起こっているのか、また、どういう課題を抱えておられるのかという点を教えていただければありがたいです。

在宅が始まったり、本社オフィスが縮小されたり、フリーアドレス制に替わったり、いろいろなことが起こっていると思います。新入社員が会社に来ないで仕事をすることが多くなり、その人材育成も非常に大きな課題になっているのではないかと思います。

皆さんの会社ではどのような状況か、ざっくばらんに教えてください。

定常化した在宅勤務

Ａ（電子部品メーカー）　コロナ前には在宅勤務はありませんでしたが、今は定常化しています。コロナが明けても、テレワークは通常の勤務体系として残すことが決まっています。部門によってばらつきはあるにしても、たとえばある部門の管理メンバーは在宅勤務と出社をローテーションでやる、というところまでかなり一般化されているのが実情です。テレワークを進めるために工夫した部分でいいますと、多くの社員にノートＰＣを配布しました。「インフラや環境を整えて、まずはやってみよう」から始めました。弊社らしいというか、短期勝負に強い会社ですので、やるぞ、いくぞと進めているのが現状です。

白木　若い人から不満が出るとか、中高年の方からついていけないという声が上がるとか、問題はありますか。

Ａ　やはりＩＴリテラシーという壁はありました。担当部門のメンバーが、丁寧にサポートをしていました。Office 365は展開されていましたので、Ｔｅａｍｓを使うことを徹底しました。Ｔｅａｍｓを運用し始めたときもいろいろな問題がありましたが、ルールを適時作っていき、今では当たり前のようにＴｅａｍｓでミーティングをしています。そうしないと業務が回らなくなります。

行政の要請に従って、独自で在宅勤務率を設定しています。そうすることで出社できない状況になると、その状況下でやっていこうと考えます。

マイナス面でいうと、接点がなかなか取れないとか、面と向かって話せないという声が上がりました。コロナ禍前からしていたことですが、一人一人に対して今の仕事のやり方や問題点を聞くなどして、個別にサポートしています。

白木　やるかやらないかではなくて、やらないといけないという、今のＥＳＧへの対応の問題と似ていますね。

Ａ　ある意味、環境は大事だなというのは今回痛感したところです。コロナがなかったら、在宅勤務といってもなかなか定着していなかったと思います。業務をどうしても進めなければならなくて、やり方を制限された中で考えるということは、日本企業独特の強さなのかもしれません。逆に、不平不満は細かいものはあっても、大きいものはあまりありません。時間がたつと、こうした方がもっといいのではないかという建設的な意見をいう人が増えてきました。その辺も、業界の特性かもしれませんが、まさに現場対応力の強さが出た感じです。

白木　在宅勤務率の取組は今もされているのですか。

A　五〇%ぐらいに設定して、今もやっています。

白木　一人ずつですか。

A　全社としての目標を掲げて、あとは本部毎で運用する形を採っています。当然ばらつきが出ますが、それを認めています。業務が優先ということにしています。

「熱々な職場を取り戻したい」という声

Ｂ（輸送関連メーカー）　当社は感染拡大防止の観点から出社率を抑えていますが、経営からも職場からも、熱く討論する、熱々《あつあつ》な職場を早く取り戻したいという声が非常に強かったです。

あとは、リモートワークの定着ということがなかなか難しい業種なので、コスト削減というか出張費を削減することで、もうリモートワークにしなさいと、そういうふうにせざるを得ない時期がありました。いま一度、何がベースか冷静に議論し始めているところです。やむにやまれず、というところから、そろそろポスト・コロナが来るぞ、どうしようかということを議論しているところです。やはり極端に分かれますね。早くあの熱々を取り戻したいという人たちも多い一方で、家で仕事をするのも意外といいじゃないかという人もいたり、ワーク・ライフ・バランスでいいという人もいたりと、結構ばらつきがあります。これは、都内の事業所、工場、地方にある研究所など、環境でも結構変わります。車通勤で、満員電車には乗らないというところもありますので。

単純に戻ることは、もうありません。いま一番ポイントになっているのが、業務の進捗管理です。それが一番難しいです。一人ずつ、1on1（ワン・オン・ワン）といって一対一で三〇分ぐらい週に一回話し合いをしましょう、雑談でもいいし、キャリアの話をしてもいいし、仕事の話をしてもいいし、何でもいいよといって。ただ、画面越しに、あなたはそろそろキャリアをどうするとか、異動したいかとか聞いても、リアルな答えを引き出すには限界があります。そういったところもあって、とりわけ仕事の進捗管理をどうしようか悩んでいます。進捗管理ということを突き詰めていくとジョブ型にしないとだめなのかな、そうすると処遇体系を変えないとだめなのかなとか。

リモートを許容するのであれば、働き方を変える。働き方を変えるのであれば、ジョブ型にする。ジョブ型にするのであれば、報酬体系を変える。これらをワンパッケージでやらないといけないと、社内で議論が進んでいるところです。

白木　先ほどおっしゃった熱々の人というのは、どういう人ですか。やはり中高年ですか、若い人ですか。

Ｂ　若い人もそうですが、とりわけ中高年ですね。特に技術系の人は喧々《けんけん》諤々《がくがく》です。俺はこう思うとか、いや、だけどさとかいう、やはり一つの空間で表情を見ながら、声のトーンとか、思いとかを聞いたり語ったり、また、いろいろなイノベーション、新しい価値を生んできたあの職場を取り戻したいという声が、とりわけベテラン層には多いですね。

白木　やはり今は、以前の職場の雰囲気が阻害されているということですかね。

Ｂ　ＺＯＯＭやＴｅａｍｓではちょっと難しいし、半々です。出社が半分で、テレビ会議でＴｅａｍｓが半分というのでは、テンポが合いません。まず出社しているメンバーに何かありますかと聞いて、次にＴｅａｍｓの皆さんありますかと、そういう聞き方になったりします。リモートで自宅からだと、カットインして入るのがなかなか難しいのですね。

白木　それはいわゆるハイブリッドですが、ハイブリッドだと盛り上がらない感じですか。

B　盛り上がりません。限界があると思います。

コロナ禍前からテレワークを導入

C（計測機器メーカー）　うちはいわゆるコロナ禍で在宅勤務というのが出るちょっと前に、多様な働き方の観点で在宅勤務を選択肢の一つに入れていました。うちは在宅勤務のことをGP勤務と呼んでいます。グッドプレイス（Good Place）の略です。パフォーマンスが出せるのに最適な場所で働くという選択肢を増やそうということを始めていたのです。もちろんコロナ禍を見越していたわけではないですが、先手を打っておいてよかったという結果になっています。

多様な働き方に関しては、当然、社内でいろいろな葛藤や工夫の必要がありますが、GP勤務導入のメッセージは、その名の通り「グッドプレイス」、その時、そこで働くことがパフォーマンスを高めるのに最も適しているからという考え方を大切にしようというものでした。好きな場所で働きたいからそこで働くということではなくて、その時間に、その場所をうまく活用することが、「働く」ための最高のパフォーマンスにつながることを目指そうという考え方です。理想論に聞こえるかもしれませんが、「おもしろおかしく」を社是にする当社では、「働き方」についても、そもそも「働く」ことへの原点に立ち帰って制度をスタートしていました。

製造の「現場」がある以上、在宅勤務という「場所」のみに焦点を当てて選択肢を論じるのではなく、私たちはいかにして「働き」、そしてパフォーマンスを上げるのかという問いに答える必要があったと考えています。

白木　そうしますと、コロナが起こって在宅勤務が一般的に広がった段階でもまったく驚かず、まあ普通ですねという感じですか。

C　制度の面ではそうですね。いわゆるインフラ、オンラインでの就業環境などは、結果的に準備が整っていました。

白木　年齢的な違い、職種別の違いはないですか。

C　職種別には当然、各社の皆さまと同様に「働き方」の変化に違いがあります。また、それほど多くはありませんが、年齢によっても違いはあります。今後の動向にも注視しながら検証を続けていくことになると思います。

白木　では、スムーズにいった感じですね。

C　ただ、もともとフェース・トゥ・フェースを重視する社風なので、現状の環境に満足しているかというと、そうではありません。感染予防への配慮が必要なくなれば、対面でのコミュニケーションをコロナ禍以前、あるいはそれ以上に増やすことで、会社としての強みをより活かすことにつながると考えています。

以前のワークスタイルに戻ることはない

D（家電メーカー）　皆さん近しい状態というか、ああ、そうだったなと振り返りをしていました。コロナ前でいうと、Cさんのところほど十分な準備ができていたわけではありませんが、在宅勤務という制度はありました。ただどちらかといえば、特殊な勤務という扱いでした。月一回とか、半年に一回とか、そういうことはルールを決めながらやっていこうという状態でした。その状況が、コロナ禍になって一気に変わりました。

Ａさんのお話にもありましたが、出勤率を設けました。ただ、担当している仕事によって違います。モノを製造しているところではそういう訳にもいかないということで、出勤率は高い状態です。

一方で、私たちのような間接部門は、緊急事態宣言のときには出勤率を二割で管理していました。そこからまん延防止になった時には、出勤率を上限五割まで設定したのですが、それぞれの部門で、適切に運用しなさいということになりました。一気に出勤率を五割まで持っていった部門は限られており、多くの部門は二割から三割ぐらいのところでやっていたように思います。

トータルでみると、在宅勤務はかなり定着しています。コロナが明けても、元のワークスタイルに戻ることはおそらくなくて、ハイブリッドでの勤務になっていくのだろうと思います。

以前、従業員の一人から、「新年度に入って組織変更したこともあるし、みんなの一体感を出す観点から、ある程度出勤率を高めた方がいいのでは」という提案をされたことがありました。

私は、勤務時間や場所、組織そのものの垣根を極力低くしていきたいと考えています。部署を超えた連携、事業会社を超えた連携、場合によっては他社との連携とか、そういうのも含めて、どんどん入り交じりをしていくというんでしょうか、副業も含めてやっていくことを思考していくべきでしょうね。逆にいうと、そういうものができる環境が出てきたのかなと思っています。

勤務場所もそうです。私の担当部内では単身赴任を解消しました。コロナ前までは関西に単身赴任で来ていた人たちが、今では自宅のある首都圏や九州に戻って勤務をしています。それでも通常の業務は回せています。関西への出社が必要な場合、例えば四月に新入社員の導入研修がありますが、この間は出張ベースで来てもらいます。

今後ぜひチャレンジしたいのは、勤務時間ですね。「一日の勤務は九時から五時半まで」というような概念をなくしたいと思っています。朝九時に「これから始業します」・夕方五時半になったら「これで終わります」とやっている部門もありますが、そういう連絡もいらないのではないかと。フルフレックス勤務において、中抜け時間をどう管理するのかといった議論も出ますが、買い物に行こうが、保育園のお迎えに行こうが、そこを会社が厳格に管理しようとするのではなく、各自が成果を最もあげられる働き方を選択できるようにしていきたいと思います。

白木　その働き方の前提には、仕事をどうやって測定するかとか、そういうバックがないと難しいですよね。そこが進んでいるということですか。

D　当然、その目標設定はきちんとやります。１ｏｎ１も、多ければ一週間に一回は、やっています。そういう前提で極力縛るものを開放したいというのはあります。

白木　やはりこれは革命ですよね。特にメーカーは、時間に縛られて仕事をするイメージが強かったですものね。

D　アメリカには、金曜日はＴＧＩＦ（Thank God it's Friday. の略。週末の金曜日を迎えて「やっと金曜日だ」という喜びを表す言葉）で三時ぐらいに帰ったりして、どう働いているか分からないような人たちがいるじゃないですか。けれども、アウトプットは出ている。会社にいなくても仕事ができるのか、とても不思議でした。日本でも、それができるようになったということです。いい意味でのコロナの教訓というか、きっかけになったということはあるかもしれないですね。

2　海外オペレーションの状況

白木　海外オペレーションについてはどういう感じでしょうか。

在宅オペレーションが定着

D（家電メーカー）　海外ということは、海外の製造会社とか販売会社とかいうことでしょうか。

白木　そうです。あるいは海外赴任も含めてですね。

D　私自身、去年まで海外マーケティング部門に二年半ほど在籍したのですが、日本側の担当者は海外の販売会社とのやりとりが必要で、担当地域によっては時差対応が大変です。北米担当は夜が遅く、欧州担当だと夕方から、という働き方にならざるをえません。

白木　その場合、自宅ではなくて、会社の中でやられていたのですよね。

D　もともとはそうです。

白木　今はアメリカなどについては、自宅でやらないとなかなかできないのではないですか。

D　はい。そこはコロナの影響でとても変わりました。緊急事態宣言が明けても、担当部門では出勤率二割くらいで推移していました。

二〇二二年からは関西から首都圏に拠点を移しました。人材確保の面からも首都圏シフトはメリットがあります。ただし、オフィスは、ハイブリッド勤務が定着するという前提で、在籍者の六割から七割しか席を用意していません。単身赴任回避のため、関西に在住しながら、必要に応じて首都圏のオフィスへ出張するという勤務運用も認めています。

白木　変わりましたね。

D　はい。でもこうした運用ができる部門はまだ少数かもしれません。実際にモノを作っているところは難しいと思いますね。たとえば、海外の製造会社をオペレーションするということになると。

白木　そうでしょうね。

D　やはり海外へ出向してということがありますが、コロナ渦ではなかなかできなくて。

白木　この間、日本人派遣者は行けなかったですね。御社ですと、マレーシアに大きな拠点がありますよね。そこに行けなかったり、向こうから来られなかったりなどという支障はありませんでしたか。

D　製造会社でいうと、よくいわれていたのはコンプライアンスのリスクです。日本人の出向者がまったくいない状態はつくれませんので、そのあたりのリスク管理はいわれていました。必要なポジションについては、少し基準を下げて何とか出向させていました。

大変な状況だった海外の現場

A（電子部品メーカー）　もともとはリモートではないのですが、現地で販社だったり、国内側からサポートしたりしている業務はリモートで対応している状態でした。そこが現地側もテレワークになりました。結局その拠点に集まって業務するということではなくて、オンライン上で業務を通常に行うということがおこりました。お客様ともオンラインでやることになりました。

海外の拠点は日本以上に制限が厳しかったです。オフィスに入ってはいけない、何人以上は入ってはいけないということが徹底されていました。ＡＳＥＡＮ、中国圏は非常に厳しかった感じがします。業務自体、現地側で国として求められることを考えると、日本もオンラインで業務を進めるということで一緒です。

先ほどＤさんがおっしゃっていましたが、海外担当のメンバーはオフィスに行かなくてもいいということで、出社率が一気に下がりました。時間もそういう意味での融通を利かせなければいけないということになりました。

反面、現場はやはり大変な状況でした。私たちの業界は、出社を認められる対象に入る国が多かったので、そこまで出勤を制限されることなく、出社することができたようです。社内での感染をどう抑えるかに集中していたというところです。

ただ、出向者を出せなくなってしまったということが、一時期ありました。どうしても現地にいる出向者に頼らざるを得ないということで、彼らに対する精神面のサポートは今まで以上に気になった部分です。可能な限りサポートしていくというのが、コロナ前と変わった部分です。

白木　海外にいらっしゃる方の数が少なくなって、そこに仕事が集中したということですか。

A　おっしゃる通りです。コロナの対応自体が完全にアディショナルな業務になってしまいました。日本に帰国後、コロナのために入国を止められて戻れない出向者もいました。そういうところでは、残ったメンバーをフルに回さなければいけませんでした。こちら側がオンラインなど含めていろいろなサポートをするにしても、人が現地にいなければならない現場は非常に大変だったと聞いています。

白木　工場のオペレーターの方で工場の中で寝泊まりするとか、そういうことはありませんでしたか。ベトナムのある電子部品メーカーの工場では、通勤ができなくなり、一三〇〇人のオペレーターがオフィスや工場内の廊下で三か月間寝泊まりして、三交替勤務の対応をしてくれたという感動的な話を聞きました。工場敷地内でテント生活を余儀なくされた企業もあったようです。

A　そこはさすがにコロナ対応をしながら、出勤時間を分割するなどして対応していました。ただ、ある地区が封鎖されていて、そこから通勤してきてはいけない、あるいはそこに行けないということは、実際にありました。私たちが聞いている以上に現場は大変だったと思います。いろいろ工夫していました。弊社だけではなく、各社ともされていたと思います。現場の責任者はその判断をする立場にいましたので、相談を受けたり、どのようなサポートができるかを考えたりしながら対応をしていました。今後経験をマニュアル化していかなければならないと思っています。

海外出張費用など削減の動きも

B（輸送関連メーカー）　海外のほうがやはりロックダウンが強かったですから、影響は非常に大きかったと思います。部品も来なくなったりして、製品が作れないという状況でした。

あと、例えばアメリカは特に最近、人が採れないといいます。製造業に人が集まらなくなってきたということが、コロナの間接的な影響としてクローズアップされてきています。

白木　病気になってということですか。

B　いえ。田舎の方がいいといって田舎に戻ったりしているようです。またコロナでアマゾンやフェデックスの需要がすごく上がって、近くにアマゾンの物流センターが作られたり、フェデックスができたりすると、そっちのほうが賃金もすごくいいし、製造業よりもあっちに行こうとか、そういうことで人がかなり流れています。コロナを受けて産業構造自体、また労働市場も変わってしまいました。

米国では、取引先がかなり物流業界に取られています。それで賃金も上がっていく。田舎へ帰りたいという人も多いです。工場だと感染してしまうのではと思う人もいます。一方で、アジアなど他の地域では「リモートで仕事をきちんとやってくれるのだろうか」という心配からチェックに余計な工数がかかるなどして、大変になっているということをよく聞きます。

日本人で海外出張が激減した結果、海外出張しなくても仕事ができているではないかというふうになっています。そうすると、旅費の予算もドーンと削っていいのではないか、いやいやこれは将来の投資だとか、今、経理部門と鍔迫り合いを繰り広げているところです。

あとは、弊社でもアジア各国から駐在員を退避させていた時期がありました。そのときは、労働組合のメンバー、組合員の駐在員が日本に帰ってくると、三六《さぶろく》協定（労働基準法三六条に基づき、時間労働および休日労働に関して労使間で結ばれる協定）を守ってくださいとお願いすることになります。しかし、現地のマネジメントのような仕事をしていると、三六協定で縛ることが本人たちにとっては窮屈なため、新しい働き方を労働組合と話し合ったりしました。

またハードシップ手当は、日本退避なのだから払わなくていいのではないかとか、いやいや大変な人たちなのだからそれくらい払ってあげようとか、そういったことも議論になっていました。結局ハードシップ手当は払わないということで決着しましたが。

白木　地域によって払っていたものがなくなったのですか。

B　日本に帰ってきて、日本で海外の仕事をしているのだったら、もうその期間は払わないということになりました。

海外への「人財」派遣復活の動き

C（計測機器メーカー）　あらためて海外への「人財」派遣を増やしていこうという気運が盛り上がってきています。オンラインでできるから必要ないということは全くなくて、グローバルに「人財」交流を図ることは今後も当社にとって最大の「人財」育成戦略ということが改めて明確になっています。ようやく日本の入国制限も緩和されてきましたので、海外から日本に派遣される予定だったメンバーの準備を再開しているところです。海外への「人財」派遣に関しては、コロナ禍を経ての方針変化は全くなく、一九八〇年代から実施を継続してきた公募での海外派遣制度も募集を再開しています。

実際には、オンラインでの就業が多いのが現状とは思いますが、やはり、海外に派遣されて派遣先のメンバーの中に入って働くことが大切だと思います。日本にいてオンライン会議で参加するのと、派遣先のメンバーとして参加するのでは、経験の質がまったく異なります。

オンラインでカバーすることで、いろいろ付加価値を出せることも増えましたが、国際間で相互に「人財」を派遣することにより、多様な経験を積ませる重要性はむしろ高まっていると思います。会社の方針としてはコロナ禍以前より、「もっと派遣しよう。どんどん派遣しよう。」という感じです。

3　メンバーシップ型日本企業の諸問題は変わるのか

白木　メンバーシップ型日本企業の諸問題として、例えば海外赴任者の選抜があったり、帰任者のキャリアについていろいろ気を配ったりということがあります。テレワークがより普及することで、メンバーシップ型という雇用形態に何か変化は現れるのか、そのあたりについてどのようにお考えでしょうか。

メンバーシップ型雇用とジョブ型雇用の折衷

A（電子部品メーカー）　コロナもありますし、今のウクライナの問題もありますが、出向に対するモチベーションの持ち方を考えなければいけないというところだと思います。弊社では、海外出向者のプランの組み方を見直そうということを、大きな課題として考えています。メンバーシップ型はある程度、残ると思います。

私たちの一番の課題は、帰任後です。人選も当然大事ですが、帰任後のサポートが不足しているところがまだあります。今回コロナ禍で赴任している方もいろいろな経験をしており、今まで以上に責任範囲をカバーしてもらっている人たちを、会社としてこれからどのように活躍してもらうのか、その人たちにどう成長してもらうのかが大事だと思っています。

日本の勤務自体がジョブ型になるということは、海外側もそれは同じです。海外はジョブ型の働き方をしている人が多いと思いますが、重要なのは出向者に求められる質だと思います。もともと事前に身に付けておかなければいけない能力、知識を、あらためて整理しなければならないということがあると思います。やはり海外拠点に対してオンラインで業務をしていくと、今までコミュニケーションでカバーしていたところがどうしてもできなくなっていくことが実際あります。その能力のある人間が出向者として選抜されるべきです。そういう意味では、メンバーシップ型とジョブ型の折衷をきちんとやらないといけない、日本側でそういうサポートの仕方を考えなければいけません。

ジョブ型に変わりつつある仕事の仕方

白木　メンバーシップ型というのはどれくらい議論されていますか。ジョブ型になるとか、そういうことは議論されているのですか。

B（輸送関連メーカー）　海外駐在に限れば、それに関連しての議論はあまりないです。新たな事業領域が出てきて、今まで自前で全部やっていたことをアライアンスとしてやっていきましょうと、そういう仕事の進め方になってきている影響は、色濃くあります。コロナ禍でリモートワークだから海外駐在員の質が変わったということは、あまりないと思います。海外とは関係なく、日本で働いている従業員の仕事の測り方、働き方、そういったところはパックで変えていこうということで、職務給に変えていかないといけないのではないかという議論をしています。

白木　そういう意味では仕事の与え方といいますか、仕事の仕方がジョブ型に変わってきていると。

B　変えていかないといけないというふうになってきています。

白木　そうなると、評価がなかなか難しい面はあるのでしょうね。

「ジョブ」ありきではなく、まず「人財」ありき

C（**計測機器メーカー**）　当社はおそらく、最後まで日本でのジョブ型には疑問を持ち続けているのではないかと思います。ちょうど社内で人事制度の見直しも検討していますが、ジョブ型への検討ありきという考え方ではありません。

白木　理由はどういうところにありますか。

C　当社はそもそも「ジョブ」ではなく、「人財」ありきという考えです。「おもしろおかしく」という社是のもと、まず「人財」がいて、その「人財」が「おもしろおかしく」働くことに価値が置かれています。だから、あくまでも「ジョブ型」の一面でしかないとは思いますが、当社の人事のスタイルは、あなたにはこの「ジョブ」をやらせるみたいに決めるというスタイルとは、ある意味で対極です。「おもしろおかしく」好きなことをやってうまく

いくというのは、理想郷みたいな話ですが、それをいかに実現するかを追求する会社です。そういう意味ではメンバーシップ型であるとも思っていません。プライドを持って、これからも当社らしさを追求して取り組んでいこうと考えています。

ジョブ型導入に向けた議論が始まっている

D（家電メーカー）　この四月から新しい組織体制に変わります。大きく八つの事業会社ができるのですが、そのうちの三つが、役割定義書、いわゆるジョブ・ディスクリプションを作ります。それを全部の階層に適用するか、責任者ポストに限定して適用するかなど対応は違いますが、その三社はチャレンジしていこうという話になっています。私の所属する会社も、そのうちの一つで、課長以上のポジションについて役割定義書を作りました。

今後は例えば課長のポストが空いたとき、役割定義書をベースに広く公募をかける動きが想定されます。ある事業会社では、会社主導で任免するのではなくて、全部公募制でやっていくことも検討していて、場合によっては、アメリカやヨーロッパの先進企業のように社内だけでなく社外へも同じ募集をかけるといったことも考えられます。その他の事業会社でも、自社にとって最適な人事・処遇制度を導入することで競争力強化へつなげる動きが加速していくはずです。

白木　その三社というのは、販売拠点または製造拠点であるとか、サービス中心とか、研究開発中心とか、業態的な特徴はあるのですか。

D　一つはソリューション事業を担当している事業会社です。最近北米の企業をM＆Aで買収したことでも注目されていますが、こうした海外の会社ともこれから一緒にオペレーションしていこうとしています。

もう一つはデバイスの事業会社です。ここは日本国内にも製造拠点をたくさん持っています。ソリューション事業とは対極の感じもありますが、この事業会社での取組みは、製造拠点を抱える他の事業会社も参考にするのではないかと思います。

残る一社は、私の所属している間接部門が集まった事業会社です。

白木　では、実験的にやられている感じですか。

D　そうですね。人事のメンバーが集まって、「そもそもジョブ型とは」という議論が始まったところです。

4　テレワークの「正」の側面と「負」の側面

白木　テレワークのメリット、デメリットとしてどのようなものがあるでしょうか。メリットとしては、単身赴任が激減したとか、なくなったなど、いろいろありました。従来から女性については、「駐妻」（夫の海外赴任に帯同する女性のこと。「駐在妻」といわれることもある。仕事を辞めて配偶者として同行するケースが一般的。なお、「駐夫」もごくわずかながら存在する）問題などの課題がいわれてきました。そういうものもなくなるかもしれない。

他方、負の側面として、自宅での長時間労働が増えるのではないか、家族の負担が増えるのではないか。新聞などでも、女性の自殺率が高まっているとか、メンタルの問題などいろいろ聞きます。そういう問題が起こっているのではないか。あるいは、非正規社員はテレワークが認められないのではないかという懸念もあります。

皆様方の会社で、こうしたメリット、デメリットがありましたら教えていただけませんか。

従業員のメンタルヘルスの問題

A（電子部品メーカー）　業務のスピードは上がったかなという部分がありました。今まではどうしてもアナログで、実際に行かないと進まなかった業務が行かなくても進んでいるというところがあります。現地社員の責任感が上がったということも聞いています。あと、出向者の目線でみた場合は、赴任するときの判断基準が変わってきていると思います。

マイナスの部分でいいますと、長時間労働の問題があります。コロナ禍になる前から、海外の長時間労働の問題意識があって、ケアをしてきました。パソコンを持って家にいる限りは、いつでも仕事ができてしまいます。これは、コロナ禍だからどうこうという問題ではないと思います。

逆にメンタルヘルスの方は、コミュニケーションを取れないことによって、というところがあります。出向者の数が減ったというところがありましたので。オンラインですが、事細かにコミュニケーションを取りながらサポートするしかなかったというところです。

非正規労働者のテレワークについては、当初は認めていなかったのですが、この問題に直面して、非正規の方にもテレワークを認めました。契約したうえでのことではありますが、業務によっては在宅勤務を認めています。何よりも、濃厚接触者として指定される回数が増えて、やらざるを得なくなったという背景もあります。この点については、現場からの要請があって社内でもいち早く協議をして進めました。

個人的には、長時間労働、メンタルヘルスのことは気になっています。海外に赴任しているメンバーに対し、日本側からでも何かできるところはないかということで、社内の産業医とオンラインで話を聞く機会を設けたりしました。心のケアになるかどうか分からないですが、海外旅行保険の内容を変えたり、医療サポートのところをハード面で強化したりしました。何かあったときにはサポートがありますと伝えてあげるだけでも、少しは守られている感はあると思います。現場で頑張ってくれている人が問題を抱えないためにはどうしたら良いかを意識しています。最初のころ、なかなかそこまで気が回らなかったのですが、いろいろな意見を聞いているとそういう声がやはり上がってきましたので。そういう今までなかなか目が向けられていなかったところに気付けるようにはなったと思います。

テレワークは「駐妻」問題の救世主となるか

B（輸送関連メーカー）　越境テレワークについては、配偶者の海外駐在に伴って家族帯同ビザで渡航する際に、退職せずにリモートワークで日本の仕事を続けたいという声はあるのですが、税金の問題がややこしいとか、労働許可証を取れないという問題があるので、現地法人側からはやめてくれといわれています。

日本の仕事を外国で続ける手続きを申請しても、労働許可がなかなか下りません。会社としては何かあっても責任を取れませんので、話が来ても全部断っています。

C（計測機器メーカー）　この分野に関しては、難易度が高すぎると考えています。特に多国間の税金等の問題を考えると、会社の制度として確立するのは難しいのが現状ではないでしょうか。

D（家電メーカー）　国によって違うので一律に考えるのは難しいということも聞いています。制度として認めるというのではなく、配偶者が個人で調整して同じ国で働くというケースは考えられると思います。

白木　家族の一員として行くのではなくて、それぞれが別々に行ってたまたま一緒だったという形態を取ってくれということですね。〔著者注─「駐妻」の新しい動向や考え方については、第三章でより具体的に検討する〕

D　そうです。夫婦で同じ会社に勤務している場合には、同じタイミングで夫婦双方に同一国での勤務発令が出るといったケースや、配偶者は一旦退職して現地法人で雇用されるといったケースも考えられます。

白木　帯同家族での勤務というのは難しいのですね。

D　話題にあったような、海外へ帯同した配偶者が日本側の業務を継続したいというニーズも今後、高まるように思われます。優秀人材のリテンションの観点を含め、制度面でどうクリアしていくのかも人事として考える重要なテーマだと認識しました。

コロナ禍を通じて感じるのは、家族の問題がよくみえてきたということです。今までは、会社と社員という一対一の関係だったのが、社員の家族を含めて考えるようになったと思います。

武田（早稲田大学出版部）　テレワークによって駐妻問題は解決すると思っていたのですが、みなさまのお話を聴いていると、そんなに単純な問題ではないんですね。

B（**輸送関連メーカー**）　両方の国から税金を納めろといわれていったん両方に納めて、税務当局同士の話し合いとか、そういうところに出ていかないといけないんでしょうね。そこで自分の主張を通すというのは、相当なお金がかかると思います。そうすると割に合わないからもうやめておいた方がいいということになってしまうと思います。

あと、ビザも下りません。駐在員の家族という扱いだとファミリーカーの貸与などいろいろな生活支援がありますが、仕事で行くということになればそういった扱いもなく、自費でやってくださいということにもなってしまいます。


D（家電メーカー）　あと、非正規社員のテレワークですが、正社員と同様に認めています。問題は今のところは特にありません。

今までは平日は毎日出社して、九時から五時半まで仕事をするのが当たり前という前提だったのですが、そうではなくなってきましたよね。それこそ海外とか時差ということを含めて考えると、これまでの前提を壊して考えないといけない。

幹部研修の企画・運営を担当していますが、従来は受講生にかなり負荷をかけていて、何泊もして一気に詰め込むやり方をしていました。場合によっては土日もやると。でもこのやり方では、育児や介護が必要な家族を抱える方の参加が難しい。今までは自分たちの枠組みを押し付ける発想でいたものがそれでは通用せず、様々な事情を抱えた人たちも含めて、研修のプログラムをどのように提供したらよいのか考えるようになりました。

白木　テレワークに限らず、従業員の様々な事情をくみとるＤＥ＆Ｉ（Diversity, equity, and inclusion）は世界の潮流で、組織が生き残るためにはもう選択の余地はないという状況ですね。いいか悪いかではなく、それを考慮しないと組織が存続できないという意味で、ＥＳＧと似ています。

5　海外子会社オペレーションの今後

白木　特にメーカーで多いと思いますが、Ｍ＆Ａよりも自社の経営資源の拡張によるオーガニック（有機的）な成長が中心であったアジアなどのオペレーションでは、現地法人の操業年数がどんどん長くなっています。そうしたところでは、海外子会社のオペレーションのローカライゼーション（現地化）が急速に進んでいるようです。そうすると今後、日本人派遣者をそこに送って育成するとか経験させるということが、ままならなくなるのではないか。その辺りについて、皆様方の会社ではどのようなことが起こっていますか。

成熟している海外拠点とそうでない拠点

A（電子部品メーカー）　成熟している拠点と、していない拠点の差がはっきり出ています。成熟している拠点に関してはおっしゃる通りです。若手を送り込むよりは、本社の意向が伝わるような幹部層を送り込むことを今までやっていました。その幹部層自体もローカライゼーションしていかないといけないというのが、今私たちが直面している課題です。コロナ禍になって余計にそう思います。出向者としてある程度プロフェッショナルな人間をアドバイザーなりサポーターなりで持っていくということは、以前もトライしましたが、あらためてその方向に持っていくべきというところです。拠点責任者、トップは日本人のところがまだ多いので、これからそういう方向にいくと思います。

先ほどいったプロフェッショナルについては、日本側でどう育成して、選抜して、派遣して、彼らが帰ってきたときにどういう役割をやってもらえるかというビジョンも含めて設定していく必要があります。そのあたりのプールづくりを始めているところです。

B（輸送関連メーカー）　やはり成熟している拠点とそうでない拠点で大きく違います。最近のトレンドでいくと、技術がかなり変わってきているということで、会社の中では変革、変革といわれ続けています。そうしていくと、ベテランよりも若手の方が新技術に強いところもあります。技術的にみると、そういった領域はベテランと若手がない交ぜになっているところがあります。

あと、現地拠点がどんどん自立化、現地化していくと駐在ポストは減っていくのですが、そうしたところを補うようにトレーニー制度とか、コロナが明ければ長期出張といったものを組み合わせてやっていくと思います。

海外グループ会社を含む企業複合体という発想

C（計測機器メーカー）　当社は日本本社から海外工場・販社等を統括してマネジメントす

るというビジネスモデルではないので、「ローカル化」はあまり論点になりません。M&Aで一緒になった海外のグループ会社を含めて多様な企業の複合体だと考えていただくといいと思います。海外赴任者のミッションも、単独の国・地域だけで現地を「ローカル化」するというものではありませんので、派遣先でパフォーマンスを発揮して、将来グローバルに活躍できるような「人財」に育てていくことが重要で、その難易度は高いと思っています。

今後どう変化していくかというと、キャリアの早期に海外赴任するメンバーにとっては、ぐっと背伸びをしてもらうことになりますが、最初の赴任の段階で、グローバルリーダーを目指してもらう動機付けや、国内外に広くグループ内でのプレゼンスを高めてもらうことに取り組んでいます。具体的には、社内イントラネット上で、グループ全体に対して、自らのミッションや取り組み状況を発信してもらうということを始めています。弊社のグループにはどんな「人財」がいて、どんなチャレンジを続けているのかということを、あらゆるメンバーに認知していただくことをどんどん積み重ねていくことにチャレンジしています。

白木　最初からグローバルマインドセットで考え、行動しないといけないということですね。

C　そうです。最初は能力も経験も不十分な状態でチャレンジすることになるのですが、どちらかというと先に「心構え」は整えてもらったうえで「舞台」に上がってもらうという感じですね。

白木　「京都にありながら同時に世界」ではないですか。イメージはそういう舞台ですね。

C　そうですね。創業者のメッセージから受け継がれてきたトップマネジメントの志向がそうですので、「舞台」に上がってもらうために、「人財」のマインドセットをいかにして整えるのかという工夫を続けています。

海外拠点のトップをつとめられる人材育成が必要

D（家電メーカー）　例えばアジアにフォーカスしていうと、やはり製造会社はたくさんあるのですが、ほとんどのトップは依然日本人です。現地側は、ローカルの優秀人材を発掘・育成しようと取り組んでいますが、日本側は社長ポストの後継者として日本からの出向者が就く前提でタレントマネジメントをやっているのが現状と感じます。

欧州の販売会社でしたら、今はほとんどローカル化しているのですが、製造会社は難しい。私の感覚では、今後五年や一〇年ではアジアの製造会社のトップがローカル化するという道筋はみえていません。

白木　本社に圧倒的なリソースがあるということですか。

D　いわゆるキャリアパスの一環で、日本の優秀な人材に海外での経営勤務を積ませたいということもあります。
あと最近多いのは、外地間転勤です。どこかの国の社長を別の国の社長にスライドさせることで、結果的に海外会社のトップはずっと海外にいるというケースが増えた気がします。

潤沢に人材がいるというよりは、特定の人たちが海外の製造会社のトップを張っている印象ですね。

白木　そういう意味では、トップをつとめられる人も少なくなってきているのですね。次の層が十分に育っていないということでしょうか。

D　そうですね。やはり、モノづくりの拠点が日本国内に少なくなった影響が考えられます。かつて日本はマザー工場の役割を担っており、そこで鍛えられた人材が海外で活躍することを期待されていましたが、今はそうした場も限られています。そのため、外地間転勤や再赴任が多くならざるをえない面があります。

白木　東日本大震災があった後、タイで大洪水がありましたね。あの時タイの工場労働者を日本に連れてきて、日本の工場を手伝ってもらおうとした会社がありました。すると、日本の工場で働いているスタッフよりもはるかにレベルの高い人たちが来たので驚いたといいます。日本は工場の方がだんだん縮小して、高齢化してパートの人が増えてきているものですから、熟練度は向こうの方が高くなってきている面も少なくないという話を聞いたことがあります。日本の中では拠点が少なくなっていますから、そういうことも徐々に広がってきているのでしょうね。

D　約一五年前、セット商品の事業部人事を担当していましたが、マザー工場は日本でした。しかし、社員の採用を長く止めてしまったことで高齢化が進み、製造現場は請負工程が中心となりました。それではモノづくりの進化は進みません。こうした反省も踏まえてデバイス事業等、国内の製造拠点では人材確保・強化の動きもありますが、海外で活躍する後継者育成には多くの時間が必要になると思われます。

6　日本人スタッフの海外派遣について

白木　最後に、これまで暗黙裡に期待されていた大手企業正社員の雇用関係、具体的には、従業員は自分のこれからのキャリア形成や処遇についての決定を基本的に企業にお任せする、その代わりに企業側は、当該従業員の雇用と処遇を保障するという関係が崩れてきているると思われます。日本人スタッフの海外派遣もこれまでのようにはいかなくなるのでしょうか。

その点について、皆様のご意見を聞かせていただけますでしょうか。

A（電子部品メーカー） 個人の意見ですが、日本での雇用と同様に、海外派遣もこれまでのようにいかなくなると考えています。

キャリア形成を自ら選択し、自ら成長する機会を得て、その結果として処遇を得ていく形に変わってくると考えています。そのためには出向は指名よりも、キャリアの選択肢、成長の選択肢として、活用していくこと、合わせて人事は、帰任後のキャリアビジョンを示すことで、その選択の将来の可能性を示すことが、より重要になってくると考えています。

ただ業務として運営していくためには、このような手を挙げるスタッフと、これまでのように指名されて赴任するスタッフの両者が必要です。その役割（ジョブ）と目的に応じた派遣を、計画的に進める必要があると考えています。

B（輸送関連メーカー） 自律的なキャリア形成や計画的な人材育成が当たり前になってきていますが、海外駐在においても同様だと思います。マルチ・タスクが求められる駐在員は人選要件が狭くなりがちですし、プライベートとの両立など本人としても意向はさまざまあるわけですが、できる限り自ら手を挙げた人の中から駐在員を選んで、できる限りその駐在経験が活きるような部門に帰任させるという、適材適所の人材配置という基本を徹底することに尽きると思います。

C（計測機器メーカー） 企業は「人財」が活躍するための「舞台」と考えている当社では、「舞台」に上がる期間やタイミング、あるいは一度離れた方がまた機会に応じて復帰するという時代になったととらえてもいいのかもしれません。従来と較べてより強く認識しなければいけないことがあるとすれば、「舞台」に上がる機会をより早くしたり、その基準を明確にしたりすることです。舞台に上がったその瞬間から最高のパフォーマンスを発揮してもらえるような構成や演出を凝らす必要が出てきたと考えています。多くのプロフェッショナルの世界では既に行われていることでもあり、企業という枠だけにとらわれずに、せっかくこの世界に生まれてきてくれた「人財」の能力や強みを存分に発揮してもらうために、私たちは何ができるのか問われ続けていると思っています。

D（家電メーカー） 日本国内でも、新卒で入った企業に勤め続けるのではなく、キャリアアップやワークライフの観点で転職をする中途入社者がより増えていくものと思われます。そうした動きは、従来企業側が握っていた「人事権」が行使できなくなるケースが今後想定されます。これは海外派遣についても同様です。よって、企業として考慮する対象がこれまでの従業員本人（特にキャリアパスの明示）だけでなく、その家族（例えば配偶者の現地における就労機会の確保・支援等）も含むことになります。そのため、一律の制度適用に拘らずに柔軟な個別対応も必要になると考えています。

白木 本日は貴重な知見を共有していただき、ありがとうございました。

【コラム】「単身赴任」は日本企業特有の働き方？

「単身赴任」は家族と離れて勤務する形態であり、日本企業においては従来、国内勤務でも、海外勤務でも普通にみられた現象である。しかし、本書でも触れているようにテレワークがもたらした働き方革命により、「単身赴任」は原則廃止、あるいは、できるだけ減らす方向への動きが顕著となっている。

とりわけ海外赴任に伴う「単身赴任」は、国内の場合ほど頻繁に帰国すること（自宅に戻ること）ができないため、数年間、家族と離れて暮らすことになる。日本企業における海外赴任はそのほとんどが男性であることから、国内に残る家族にとっては、「夫」あるいは「お父さん」が数年間いない状態となる。そういう家族のあり方には様々な問題があることは容易に想像がつくところである。

子どもが受験などの学齢期に当たる場合は「単身赴任」を選択する場合が多くなる一方、子どもが大学生以上になると夫婦での海外赴任も見られ、その場合は「家族一部帯同」という形態となる。

実際のデータではどうなっているのか、表をみてほしい。両調査とも私も参画したものであ

表　海外赴任中の家族状況

（1）日本人海外派遣者の家族状況（勤務地域別）

	合計	全員帯同	一部帯同	単身赴任	独身	不明
アジア	100.0(790)	40.8	9.4	41.0	4.8	4.1
中近東	100.0(47)	44.7	4.3	27.7	6.4	17.0
ヨーロッパ	100.0(279)	59.9	9.7	17.2	6.8	6.5
北米	100.0(153)	67.3	13.7	11.8	2.0	5.2
中南米	100.0(108)	51.9	9.3	23.1	9.3	6.5
アフリカ	100.0(19)	26.3	10.5	57.9	5.3	0.0
オセアニア	100.0(47)	57.4	6.4	25.5	2.1	8.5
合計	100.0(1443)	48.6	9.6	**31.3**	5.2	5.3

（注）調査対象者の男性比率は98.1％である。

（出所）労働政策研究・研修機構『第6回 海外派遣勤務者の職業と生活に関する調査結果』（JILPT 調査シリーズ、NO.9）2005年9月。

（2）日本赴任中の外国人の家族状況（派遣元企業の本社所在地域別）

	合計	全員帯同	一部帯同	単身赴任	独身	不明
北米	100.0(92)	58.7	26.1	1.1	14.1	0.0
ヨーロッパ	100.0(173)	58.4	23.7	5.2	12.1	0.6
オセアニア	100.0(12)	50.0	33.3	0.0	16.7	0.0
アジア	100.0(23)	69.6	8.7	8.7	4.3	8.7
地域不明	100.0(7)	57.1	14.3	0.0	28.6	0.0
合計	100.0(307)	59.0	23.5	**3.9**	12.7	1.0

（注）調査対象者の男性比率は96.1％である。

（出所）日本労働研究機構『在日外資系企業における外国人派遣勤務者の職業と生活に関する調査結果報告書』2001年9月。

る（日本人海外派遣者が二〇〇五年、在日の外国人派遣勤務者が二〇〇一年とデータが若干古いが、それ以降調査が行われていないため、これによるほかない）。

これらの調査により以下のことが分かる。日本人海外派遣者の「単身赴任」比率は三一・三%であるのに対し、日本赴任中の外国人の「単身赴任」比率は三・九%と、明らかに日本人派遣者の「単身赴任」比率は際立って高い。

日本人海外派遣者の「単身赴任」比率が特に高い地域はアジアとアフリカである。これに対し、北米やヨーロッパでは、家族帯同（全員帯同と一部帯同の合計）は、それぞれ六九・六%、八一・〇%と高くなっている。

他方、日本赴任中の外国人の家族帯同比率は八二・五%となっている。外国人の海外赴任は家族帯同が一般的で、「単身赴任」は例外中の例外であることを明らかに示している。

「単身赴任」が行われるのは、これまでの私の狭い知見では極東アジア特有の現象とみていたが、かつて私のゼミに所属していた中国と韓国からの元大学院生に確認したところ、どうもそうでもないようである。

まず、中国の場合、大企業勤務においては、しばらく他地域に単身で仕事に行く場合も少なくないとはいえ、基本的に共働きなので、期限は一年を超えることはほとんどなく、基本的には出張ベースでということになる。よほどのメリットがない限り、長期的な赴任はほとんどないようだ。本人もそれを断る権利があるし、最悪の場合、転職という手もあるので、日本のように辞令が出たから、やむをえないという感じではないとのことである。

　そもそも中国語には「単身赴任」という言葉はなく、「単身赴任」と書くと、独身で仕事に行くという意味になるようである。

　韓国についても同様で、基本的に「単身赴任」はないようである。韓国国内での異動であれば、通勤時間が二時間ぐらいまでなら自宅から通うのが基本となっている。海外赴任は大企業で例外的に行われているくらいで、ケース数も少なく、文化として「単身赴任」は存在しないらしい。なお、「キロギアッパ」（「雁のパパ」という意味）という造語があり、子どもの勉学のために妻子は海外に行き、お父さんは渡り鳥（雁）のように年に一回妻子に会う以外は、国内で一人でコツコツ働いてお金を仕送りする「逆単身赴任」的な現象はよくみられるとのことである。

　では、英語圏ではどうか？「単身赴任」を英語ではどのように表現するのか、グーグル翻訳で試したところ、“single assignment”（一人赴任）となった。また、『新英和大辞典』（第五版、研究社）によると、“an unaccompanied posting; living apart from one's family for the sake of one's job"となっている。どうも英語圏では「単身赴任」という概念がそもそも存在しないため、当て字的な表現か説明文的な表現にならざるを得ないようである。

海外派遣（expatriation）の世界的な権威であるJ・S・ブラック氏（当時はミシガン大学ビジネススクール教授、その後ＩＮＳＥＡＤビジネススクール教授に転籍）に、二〇年ほど前にその点を確認したことがある（当時、ブラック教授らの著書を翻訳しており、日本でセミナーを共同で開催した。白木・永井・梅沢監訳『海外派遣とグローバルビジネス――異文化マネジメント戦略』白桃書房、二〇〇一年参照）。ブラック氏によると、「単身赴任」に該当する英語は存在しない、なぜならそのような概念がないためである、英語であえて表現するとすれば、"business bachelor"（「ビジネス上の独身」の意味）となるのではないか、とのことであった。

どうも「単身赴任」という、家族や配偶者から離れて長期にわたり別の地域・国で働く形態は、日本企業、日本人に特有の現象のようである。これは、戦後の高度成長期に日本社会に定着した働き方であり、今日の「リモートワークの一般化」と「働き方革命」の中で、世界標準の視点から見直されざるを得ない状況にある、というのが筆者の仮説である。

第三章　越境テレワークから考える「駐妻」のキャリア

本章では、リモートワークの普及と定着が、夫の海外勤務に帯同している帯同配偶者、いわゆる「駐妻」のキャリアに与える影響や可能性について取り上げたい。

夫の海外勤務に帯同することで「駐妻」のキャリアが中断されるという問題は、二〇年以上前から指摘されている。二〇〇六年に我々が行った調査[1]でも、帯同配偶者の赴任前の就労割合は、三三・九％だったのに対し、海外滞在中に「仕事をしている」という回答は全体の三・一％にとどまり、帰国後のキャリアに不安を感じているという声も聞かれた。

そこで今回は、世界各地から「駐妻」の方々にリモートで参加いただき、海外勤務や帯同配偶者の抱える諸課題やこれからのあり方について率直にお話しいただいた（座談会は二〇二二年五月九日に実施された。その後二〇二三年二月まで加筆修正を経て最終稿となった）。

【主な参加者】

三浦（ブラジル在住）、田中（ヨーロッパ在住）、中島（フランス在住）、梶川（中国在住）

司会：白木、森 加奈子（キャリアコンサルタント）

白木　今、日本の中でも働き方改革ということで、政府もここ数年動いてきたわけですが、それを遥かに超えるスピードで働き方の変化が起こっています。「駐妻のキャリア」の問題も例外ではないと思います。

二〇年以上前から「駐妻」問題というのは出ていました。我々が行った調査でも、女性がキャリアで割を食っているという声が女性たちから上がっていました。

ここにお集まりの皆さんは必ずしも、キャリアを諦めた「駐妻」ではないかもしれませんが、これも新しい動きかなと思っております。ぜひ皆さんの忌憚のないお話を伺えればと考えている次第です。よろしくお願いいたします。

三浦　二〇二〇年一月から夫の海外赴任に帯同し、ブラジルのサンパウロ州に住んでいます。駐在帯同経験は今回が初めてです。ブランディング会社のＣＯＯ（最高執行責任者）をしています。

田中　ヨーロッパに駐在しています。私自身は、小学生時代をシンガポールで過ごしました。結婚してからは、夫の駐在でアメリカ、今回のヨーロッパで、三度目の海外生活になります。

中島　二〇一九年のコロナ禍直前に、夫の駐在に帯同してここフランスのパリに参りました。一〇年前にシンガポールとインドに帯同して、今回が駐在三か国目です。

梶川　中国の北京に二〇二〇年六月から二〇二三年夏ぐらいまで三年間の予定で駐在しています。二〇一二年から二〇一六年にも北京に駐在していました。また、大学卒業後、約二年間、米国ニューヨークに語学留学していたので、海外生活は三度目となります。

森　過去にも海外経験がある方が多いですね。今回と前回の海外生活を比較して、インターネットやテレワーク環境が発達したことにより変わったと感じるところはありますか。

1　インターネット環境で大きく変わった海外生活

増えた学びの機会

田中　ホームシックの度合いがだいぶ薄まりました。一五年前、アメリカにいました。仕事を辞めて帯同しました。今日のようなネット環境もなく、うつ病寸前で辛かったです。きっと三浦さんの方が、今お仕事でネットを使われて日本とつながっている分、一番変化を感じているのではないかなと思いますが。

三浦　ありがとうございます。まさしく変化の真っ只中にいると思います。二〇二〇年一月にブラジルに行くも、コロナにより一度日本に戻る経験をしました。実はコロナが流行る前に、日本でテレワークの仕事をしようと探したんです。人事のマネージャー業務の仕事を探したのですが、当時はテレワークが可能な仕事はありませんでした。でも、コロナをきっかけにテレワークが当たり前になると、リモートで人事マネジャーの仕事ができるようになりました。
あとは資格です。私はコロナ渦の中で、ブラジルにいながらリモートで日本の資格を二つ取得しました。一つは、女性キャリアメンターの資格です。オンラインで受講して、試験を受けて取得しました。日本にいたら、そもそもイベント会場に行かないと試験を受けられなかったのが、今は海外の大学院の授業も受けたりしています。もう一つは、PRディレクターという、企業のPRをサポートする資格です。SNSやLinkedInでどれだけ自分をPRするかが仕事の獲得に大事だと思いましたので、LinkedInで自分をどうアピールするのかとか、メンバーたちをどうサポートするのかと思って、元PRの方がやっているディレクター講座に通って勉強しました。

田中　それは始めから終わりまでオンラインで完結するのですか？

三浦　完結します。PRディレクターは海外だけではなく、日本のどこからでも参加できるようにというところで、日本国内でも各地から参加されていました。

森　コロナでオンラインになったことにより、学ぶ機会が増えているということでしょうか？　梶川さんも勉強されていますよね？

梶川　前回の北京駐在時に、行政書士の資格試験の勉強をし、一時帰国して受験し、何とか合格しました。行政書士資格を取得してからは、中国語を本格的に勉強しました。せっかく中国にいるからということで、ＨＳＫ（中国政府公認の中国語検定）の一番上の六級で合格点をとって帰国しました。しかし、東京に戻り、娘が小学校に上がり、いざ行政書士登録をしようとしたら、登録するのにかなりの費用がかかり、また、一度登録すると、制度上休会が認められないことが分かり、愕然としました。その辺りのことをしっかり調べてから資格を取得すれば良かったのですが。結局、行政書士としての業務には触れることなく、また北京に戻ってきたという感じです。

今も勉強したい気持ちはあって、勝間和代さんの主催する勝間塾というオンラインサロンに入りました。男女問わずいろいろな年齢の方が参加され、多くの刺激を頂いています。毎朝、勝間塾長から週ごとのテーマに沿ったメールが届くのですが、そのメールについて、各自、体験談や、関連書籍を読んで考えたことを話したり、おすすめの書籍やウェブページを紹介したり、多種多彩な交流をしています。オンラインサロン内で主催されるイベントに参加したり、実際に自分で主催したりすることなどを通してサロン内の人との交流を楽しんでいます。

白木　そのサロン内での交流とは具体的にどういうことをするのですか。

梶川　お互いに得意なことを教え合うような風土がオンラインサロン内に出来上がっています。例えば、塾内でキンドル出版が流行っていて、既に出版経験のある人が、そのノウハウをシェアしたり、お互いに教え合ったりしています。私も今、マルチリンガル子育ての本を書こうと思い、先行図書を読んだりしています。今年は本の出版を目標にしています。

白木　皆さんで何か教え合って広げていこうという社会的な活動ですね。「実践コミュニティ（Communities of practice）」といわれる活動のオンライン版という気がいたします。費用はかかるのですか。

梶川　費用は月五〇〇〇円です。それに見合うぐらい楽しめますし、学ぶことも多いです。あと、ネットワークがすごいです。そういうネットワークがなかったら本を出そうという発想にならないところ、みんなも出しているからやってみようかなという感じになります。すごくいい、学びのオンラインサロンです。

白木　そこにいる方はいろいろな国に散らばっているのですか。

梶川　はい、散らばっています。私は昼の語学サークルに参加していて、そのサークルは、イタリアにいる方が主催されています。アイルランド、フィンランド、日本の奈良など、色々なところから参加されています。私は出られるときに出るといった感じではありますが、拘束感もなく、各自が黙々と勉強した後に軽く雑談する時間等もあり楽しんでいます。

森　オンラインでの学びの機会を活かすというところでは、中島さんも活用されていますね。

家族とのコミュニケーション

中島　今の勝間塾の話も興味深く伺いましたが、私はパリに来てから起業しました。グローバルテレワークが発達したからにほかならないのですが、起業するにあたって何も分からない時に、日本でオンラインにより開催されている起業塾に参加しました。社会人を対象に夜の時間帯に開催されていたので、ちょうどこちらの昼間でした。子どもが学校に行っている間に受講できるので私には大変都合が良かったのです。そういった学びのチャンスは増えていると思います。

今までそのような勉強会が例えば東京で開催されていたら、地方の方は通うのを断念していたと思います。しかし、オンラインで学ぶことに皆が可能性を見出している今、受講のハードルは格段に下がっていると思います。私も以前は、資格の勉強はオンラインではできないと思っていましたが、試してみたら、例えば質問があればその場で手を上げて講師に直接質問することもできますし、教室で受講しているのと変わりませんでした。雰囲気というか、熱量は教室に勝るものはないと思いますが、不具合がないぐらいには活用できると思います。

白木　以前、「駐妻の会」など海外赴任に帯同している駐妻の人たちが集まって、内輪で友達になることがあったと思いますが、現在ではあまりなくなってきたということですか。

中島　リアルで、ですか。それはあります。情報を得るためだったり、寂しいからであったり、それぞれ様々な理由があると思いますが、多くの駐妻にとってそのような集まりは避けて通れないと思います。日本のようには何事も簡単にはいかない海外で家族を守って生活していくためには、周りのサポートや情報が必要不可欠なためです。ただ、今はオンラインで他の世界ともつながっていられるので、リアル以外でもいろいろなサポートが得られていると感じています。

白木　情報取得、情報交換などネットワークの選択肢が一気に広がりますね。

中島　広がりました。

少し戻りますが、田中さんがおっしゃっていたように、日本にいる家族とのコミュニケーションが増えたと思います。私は二〇〇〇年にオーストラリアに留学していました。当時は日本にいる家族とのコミュニケーションは有料の国際電話しかありませんでした。一分で一〇〇円、二〇〇円と通話料がかかるので、タイマーを目の前に置いて三分経ったら話の途中でも慌てて切っていたのを覚えています。シンガポールにいた一〇年前も、まだスカイプの時代でした。お互いパソコンの前に座って、スカイプにログインして、今からかけるねと携帯で連絡を取り合ってからスカイプで話す、という感じでした。パソコンがないと親とも話ができませんでした。今は携帯さえあれば、ＬＩＮＥ、フェイスブック、WhatsAppなどのアプリを使って無料で話ができますし、親や友達とＺＯＯＭで気軽に話をすることができます。

少し話がそれますが、梶川さんが先ほどおっしゃっていた、日本では資格を取得した後にお金がかかるという話は私も問題だと思っています。私は証券アナリストとインテリアコーディネーターの試験に合格しているのですが、資格を名乗るためには合格したのちに協会への登録料が数万円かかります。さらに数年ごとに更新料がかかります。そもそもは勉強のためにとった資格ですが、試験に合格してもその後の高額な登録料と更新料を払い続けることはできなかったので、正式な取得資格としては使うことができないのです。

今回駐在しているパリでも自宅でサロンをやっている駐妻の方が大勢いらっしゃいます。自宅に生徒さんを招いて、フラワーアレンジメントやカルトナージュ（厚紙で組み立てた箱に、おしゃれな布や紙を貼る工芸）を教えられています。

得意分野を教えあう

白木　そういう場のことを、先ほども指摘しましたが、アメリカでは「実践コミュニティ」といって流行っているようですが、やはり、この場合にも、それぞれの得意分野を教え合うという感じですか。

中島　そうです。私もやってみようかなと思いました。「ベビーサイン（Baby Sign）」という、まだ話しができない赤ちゃんと手話やジェスチャーを使って意思疎通する育児法があるのです。私自身、子どもが赤ちゃんの頃シンガポールでベビーサインを習ってとても気に入っていたので、今ここにいる間だけでも、友達作りやネットワーキング、自分のやりがいをみつけるために自宅でベビーサインの教室を開くのも良いかもしれないと思って、資格について情報収集しました。ベビーサイン協会の本部はアメリカにありますが、日本にも支部があります。最初、日本語で勉強したかったので日本支部のホームページを見たら、やはり試験合格後に登録料と定期的な更新料がかかるようでした。アメリカの本部を調べてみたら、登録料も更新料もかからない。かかるのは勉強のために初回に購入する教材費だけ。一回テストを受けて合格すれば、生涯ベビーサインのインストラクターとして活躍できるということなので、アメリカの資格を取りました。

日本で資格団体が年会費で運営費をまかなっているというのは、資格取得にチャレンジしたい人たちの障害になっていると感じます。

白木　アメリカはどうやって組織の運営費用を捻出しているのでしょうね。

中島　スポンサーがついているのでしょうね。あとは、教材費で賄っているのでしょうか。

梶川　アメリカは寄付社会だから、寄付で賄っているのかもしれません。

森　資格を取ろうとかスキルを上げようと頑張ったものの、活用できなかったり、せっかく資格を取っても継続できなかったり、というのは、とてももったいない話ですね。

白木　そういう団体や協会も色々と工夫して、柔軟性をもつようにしないといけませんね。

中島　特に女性の場合、例えば子育てが忙しい時期に一旦キャリアをお休みしたいけれど、一回辞めたら、また試験、登録料が必要となると、一〇〇か〇を選ばなければいけないことになります。

梶川　一〇〇か〇になるんですよね。

中島　そうなんです。走り続けないといけない。一回でも途切れれば、今まで投資した時間も労力も全部失われてしまう。

森　一〇〇か〇かしかないということは日本で働いていても感じますね。

ここまでお話を聞いて、オンラインコミュニケーションの進展により生活環境が変化して良くなったところもあるように思います。一方で、前回の駐在の時と変わってないと感じたことはありますか。

2　変わらないキャリア形成の厳しさ

「仕事を海外にもっていくなどありえない」

中島　日本で働いていた時に、デジタルマーケティングの仕事をしていて、企業のウェブサイトやフェイスブック、ＳＮＳの運用をしていました。仕事にやりがいを感じていたので、フランスに帯同しても働く気満々でした。二〇一九年に夫のフランス駐在が決まった時、帯同はするつもりでしたが、当時携わっていた仕事が好きだったので、どうにかして仕事も続けられないかと考えました。そこで、自分が担当している仕事のうちフランスにいながらでもできるものを書き出して、この仕事をフランスに持って行きたい、続けたい、と上司に相談しました。しかし、日本とパリは時差が七―八時間あるんです。働く時間帯も全く違うし、直接会ってミーティングすることもできないし、「一体何をいっているの？」という反応が返ってきました。当時、私の働いていた会社ではテレワークは許されていませんでした。個人情報を扱う仕事だったので、そもそもパソコンを社外に持ち出すことは一切禁じられていたのです。当然、仕事を海外に持って行くなどありえない、フランスに行くなら辞めるしかない、といわれてしまいました。

しかし、その会社もその後コロナ禍に対応するために、社員に在宅ワークを認めるようになったのです。あんなに頑なに「絶対に無理。ありえない」といっていた在宅ワークを導入せざるを得ないという、かなりの強制力があったと思います。社員の意見や意思だけでは変わらなかったマインドセットが、強力な力によって変わったと思います。

話は戻りますが、先ほど申し上げた通り、パリに仕事を持ってくることができなかったため、それならベビーサインの教室を開こうかなと考えたのです。しかし、資格は取ったもののそこまで情熱を傾けることができなくて、教室を開くまでには至りませんでした。

やっぱりやりたい仕事をしたい、ということで、起業の道を選びました。今、オンラインでマーケティングとPRの仕事をしています。クライアントは、フランスで活動している日本人の工芸家やアーティストの方たちです。今はジュエリーデザイナーと、刺繍職人、ピアニストの方達のSNSやホームページのお手伝いをしています。

森　起業のきっかけは、前回と同じように会社を退職せざるを得なかったことなんですね。在宅ワークなんてありえないといわれて。

白木　今、行政でも同じようなことがみられます。例えば、都内の行政区の仕事を時々頼まれて、委員会などに行くのですが、ほとんど在宅勤務をしていないです。理由を聞くと、情報は外に出せないから在宅ではできないとのことでした。先ほどの企業のお話とほとんど同じような話です。民間会社は在宅ワークをやっているということをいっても、うちは例外とかいって、コロナの時もみんな来ていました。会議も、全員集まってしていたのです。ようやく最近オンラインで開催する場合も出てきましたが。

ところで、他の国からの「駐妻」ともお付き合いはありますか？　皆さんとの違いはありますでしょうか？

欧米では海外赴任は家族帯同が当たり前

梶川　他の国から駐在中の奥様方は、ご主人の会社でも雇用機会があるということを聞いたことがあります。日本はそういうシステムがないのです。費用面から単身赴任を勧める企業の話も聞いたことがあります。アメリカやカナダ出身のご夫妻の場合、例えば、帯同してきた奥様が会計の専門職だったら、会計セクションで採用されたりして、配偶者手当ではなく、配偶者への雇用が用意されているのです。日本はそういう発想がない。

白木　アメリカやカナダとか、ヨーロッパもそうだと思いますが、これらの国では海外赴任は家族で行くのが前提なんです。だからアメリカの企業では何十年前もから、奥さんがキャリアを持っている場合には、自分の会社の国外現地法人で雇用する、他の会社に雇用をみつけてあげる、ということをやっています。[2] 日本の企業では、そうすることは手続き上、大変面倒なんでしょうね。だから、奥さんがどうしても仕事をしたいという場合は、夫とは別に自分で海外での仕事を探して赴任するか、夫が単身赴任で行くことになるわけです。

今日いらっしゃる四名の方はご家族で行かれているんですよね。単身赴任という選択は考慮になかったということですか。

梶川　単身赴任してもらうことも考えました。というのも、母が今闘病中なのです。母の介護が必要になる可能性もあり、日本にすごく残りたかったのですが、娘の教育上の理由と母の後押しもあり、帯同を選択しました。娘は今一〇歳ですが、九〜一〇歳というのは、語学を吸収し定着させるのに一番良い時期だということもあり、英語と中国語をしっかり吸収してもらいたいという思いもありました。また、娘と夫だけで北京に来るということは、難しいと思いましたし。

三浦　私はタイミングがすごく良かったなと思います。二〇代のころだったら、自分のキャリアでまだまだやりきれてない思いがあったので、夫に単身赴任してもらったと思います。私は、リクルートに新卒で一〇年間在籍していました。リクルートの人事部の同僚と定期的に話すんですが、その時の同僚八人と話した時、半数は旦那さんには海外に単身赴任で行ってもらって自分は日本に残る、残り半数は旦那さんについていくという意見でした。自分のやりたいことをまだまだやりきれてないから、日本に残ることを選ぶ女性が増えています。私は会社を辞めて自分で起業したので、海外からでも自分でコントロールしやすい環境でした。すごくいいタイミングでチャンスがきたというのもあると思います。

田中　子どもたちをインターナショナルスクールに入れていますが、七五か国の子どもたちがいます。親も当然七五か国以上いるわけですが、ママの帯同、つまりママがお仕事をしてヨーロッパに来て、それにパパも仕事を工面してくっついてくるという夫婦が増えてきています。

白木　「駐夫」のケースですね。その場合、配偶者であるお父さんはどういう仕事をされているんですか。

田中　ジャーナリストや医師が多いです。あと、サバティカルで来る大学の教員もいます。

森　海外での生活で、家族を支えることはすごく大変なことだと思いますし、大事なことではないかと思うのですが、いかがですか。海外での主婦の生活は大変だと思うんですが。

田中　ありがとうございます。そういっていただいて、今にも涙が出そうです。

森　小学校は日本と違って送り迎えも必要ですよね。

中島　（フランスは）法律で、子どもが一一歳になるまでは保護者が送迎しなければならないことになっています。

森　新しい土地での生活、子どもの面倒をみながら両親が共働きすることは、なかなか難しいですよね。

駐妻は気楽？

中島　話は戻るかもしれませんが、「変わってない」と思うのは、周りから「駐妻は気楽で暇だ」と思われていることです。例えば突然用事を頼まれた時に「その日は先約があって都合が悪い」というとすると、周りは「なんで？　毎日暇なんじゃないの？」という反応をするんです。そういった駐妻に対する見方というか偏見は、全然変わってないです。

インドに駐在していた時に会社から「危険地手当」という補助が出ていたのですが、日本にいる友人から「インド駐在は危険地手当まで出ていいよね」といわれたことがありました。当時私はホームシックもあいまって「危険地手当をもらうよりも、清潔で安全な日本で子育てできる方が羨ましい」と思いましたね。「駐在している人たちって、色々な補助をしてもらって、毎日気楽に遊んで暮らせていいね」という、周りの目は変わってないと思います。

三浦　この間、夫の上司と一緒にブラジルのカーニバルに行ったときに同じことをいわれました。「駐妻って幸せそうだよね。ゴルフとか行っているんでしょう、羨ましい」と。悪気はなかったんでしょうが、駐在員たちの家族像が二〇年前と変わっていない。「奥さんは家で待っていて、温かいご飯を出してくれて、在宅勤務中もご飯を出してくれるから、奥さんがいる駐在は幸せだね」といわれました。それって、妻はごはんを作る人、夫の洗濯をする人みたいな考えですよね。コロナでこれだけテレワークできるようになった、勉強できるようになったという話をしても、そういう考えに固まったままです。こういう固定観念をどう変えたらいいんだろうという問題は、コロナ後でも結構継続するのではと思います。

森　未だに性別役割分担の考えが根強く残っているということでしょうか。

田中　今回、ヨーロッパに来て、夫も驚いていたのですが、女性が本当に活躍しているんです。銀行に行けばマネジャーは女性ですし、夫のミーティングの相手も女性だったりします。ＥＵ委員長のフォン・デア・ライエンさんは七人も子どもを産んでいます。娘が通うインターナショナルスクールの先生たちにも、子どもが三人、四人いるという方はざらです。

そういうことを目の当たりにすると、子どもたちの感覚は違ってきますよね。私たちが育ってきた感覚と、彼女たちが日々の生活から受けとめている価値観はかなり違うと思います。娘は、「私はファーストレディーじゃなくて、総理になりたい」といっています。娘がそういう考え方になってくれただけで、駐在した意味があったと夫婦で考えています。

白木　今の家族イメージとか、女性の置かれたポジションが、ＯＥＣＤ諸国の中で一番遅れているのは日本と韓国です。他の国はどんどん変わってきているのに、日本と韓国はあまりにもスローテンポです。日本の女の子たちが田中さんのお嬢さんのようなことをいう時代になるまでには、二〇年、三〇年かかるのかもしれませんが、しかし、それでは遅すぎるのではないでしょうか。コロナ禍で働き方は急に変わったわけです。普通にやると三〇年かかっていたところが、一年で変わったんですね。急激に変わったようにみえるかもしれませんが、従来からオンラインにしたり、できることをしようといったりしてきました。女性の活躍についても何十年も前からみんないっていますが、スピードが遅いんです。

中島　子どもたちがインターナショナルスクールに入って、最初の保護者会がありました。子どもが学校に行っている間に保護者が近くのカフェに集まって、それぞれ誰々の母、父ですとか、いつどの国から来ましたという自己紹介をしました。私は、「夫の転勤に帯同して来ました」とハッキリいったのですが、その直後に、「あなたはどんな仕事をしているの？」と聞かれたんです。とてもびっくりしました。それまで私にとって「駐妻」は「専業主婦」とほぼ同義語だったので、夫に帯同して来たということは、イコール専業主婦ですといっているも同然だったのです。でもそれは日本人の感覚だったようです。インターナショナルスクールの他の国のお母さんたちから、「ご主人の仕事は分かったわ。あなたの仕事についても聞かせて」といわれて、まさかそのような質問をされると思っていなかったので戸惑いました。その時は「何もしていません」と答えるのが急に恥ずかしくなって、「今仕事を探しているところです」と答えたのですが、他のお母さんは「夫の駐在期間は三年ということでついて来たけれど、母国で立ち上げたコスメのビジネスをオンラインで回している」とか、「母国で働いていた会社に掛け合って、パリ支店に異動させてもらった」とか、多くの駐妻たちが働いていることにとても衝撃を受けました。それが、私もキャリアを諦めなくていいんだ、起業しようと思った大きなきっかけの一つでした。

一〇年前にシンガポールに駐在した時は、駐妻といえばほとんどが専業主婦で、駐妻同士で仕事の話が出たことはありませんでした。しかし今回パリに来て、起業というのは限られた特別な人たちがすることだという先入観が変わりました。様々なことがオンラインに移行したことでとてもハードルが下がっていますし。こんなにみんながやっているのだったら私にだってできるかもしれないと思ってしまうぐらい、起業している方が周りにたくさんいます。

帯同休職という制度

白木　今日本では、ダイバーシティを進めなければならないと議論されていますが、ヨーロッパでは、進めるか進めないかとかじゃなくて、進めないということはありえないというか、そこが違うんですね。日本はするべきか、どうしようかという話をしている段階ですが、ヨーロッパではもはや自明のことで、議論にすらならないというところでしょうか。

中島　そう思います。奥様の転勤についていらしたご主人たちも、「こうあるべき」という様子は全く感じません。自由な人ばかりで、男性が女性のキャリアに合わせて柔軟に人生を選択するということに一切引け目を感じていません。私が知っている方たちは、多分仕事をされていないんじゃないかなと思います。「パリでの数年間は人生の夏休みだと思っている」といっていました。パリの日本人学校にも、女性の先生の海外赴任にご主人が帯同されているケースが何組かいらっしゃいました。ご主人も公務員だとおっしゃっていました。国によっては、夫婦が二人とも公務員の場合は、どちらかが海外転勤になると、配偶者も三年間休職して帯同できるようです。

白木　経済産業省などでも似たような取り組みをしているようです。そうしないと、いい人材が辞めてしまうという問題意識があるようです。公務員の方がかえってそういう面では進んでいます。

中島　戻るポストが約束されているということは、すごく羨ましいです。

森　私が以前勤めていたＮＨＫでも途中から配偶者同行休職制度ができました。きょうのメンバーはみなさん四〇代ですよね、四〇代は制度の過渡期の世代だと思うんです。三〇代だったらもしかしたら別の選択肢もあったのかもしれない。

白木　民間企業でも、帯同休職の制度を備えているところが徐々には増えているようです。ただ、休職期間の上限がそんなに長いものかどうか。

帰国後に立ちはだかる再就職の壁

森　田中さんと中島さんは前回の海外赴任帯同をきっかけに退職されています。「辞めない」選択肢はあったのでしょうか。

田中　日本の航空会社に勤めていました。結婚して夫の駐在が決まったときに、女性の上司に相談しました。「夫についていこうと思います」と、いいました。当時はそういう（帯同休職の）制度はありませんでしたので、どうしようか悩んだときに、上司から「妊娠しなさい。妊娠したら、産休・育休を取らせてあげられる。日本に戻ってきたら、ポジションが確保されているよ」といわれたんです。子どもを産むか、仕事を辞めるかしか選択肢がないというのも厳しいことですし、悲しいことです。その後、退職してアメリカに行きましたが、孤独感でいっぱいで、二四時間押しつぶされそうでした。そのとき、このままじゃだめだと思って、チャンスがないかと思って、友達に相談したりしました。そのときアメリカの私立大学のディレクターアシスタントのポジションが今空いている、日本人で英語を話せる人を探しているそうだからどう?と誘われました。そこで、まずはボランティアとして働き始めました。

森　日本に戻ってきたあと、就職活動はしましたか。

田中　ご縁があって、ある私立大学に入職しました。第二子の出産などもあり、いったんそこは退職して、その後どうしようかなと思っていたときに、また別の私立大学で派遣社員として安い時給で働きました。

森　これまでのキャリアは時給に加算してもらえないものなんでしょうかね。

三浦　私は、「駐妻キャリアｎｅｔ」という、駐妻でキャリアを継続したい女性たちの代表を務めています。今、メンバーが七三〇人います。私も駐妻になったばかりの時、まさにその壁にぶつかりました。テレワークをしたいと考えた時、時給一〇〇〇円で社長の日程調整の仕事ならあるといわれました。今までの経験と何の関係もない、低単価な仕事です。頑張っている人に対して、こういう仕事ならあるよと時給一〇〇〇円の仕事を紹介することがまかり通っていました。そういう状況を変えたいと思っています。そうしたことを理解していただける企業とだけ、仕事をしています。

森　梶川さんと中島さんは、前の駐在から戻って来たとき、就職活動はされたのですか。

梶川　私は行政書士として働こうと思っていましたが、先ほどお話ししましたように、会員の登録料と維持費の問題があったので、諦めてしまいました。

中島　一〇年ほど前、シンガポールとインドの駐在が終わって日本に戻って来た後の就職活動はかなり悲惨なものでした。シンガポールに行くときも今回と同様に正社員の仕事を辞めて帯同しました。その頃はまだ三〇代前半だったので、帰国したら仕事は何かしらあるだろうと思って駐在中は思う存分「人生の夏休み」を楽しんでいたんです。

そして、いざ帰国したときは小さい子どもが二人いたので、すぐに正社員として働くのは家族への負担が大きいと思い派遣社員として社会復帰することにしました。派遣社員の仕事はたくさんあると思っていたんです。十何年以上の正社員としてのキャリアがあったし、資格も持っているし、ＴＯＥＩＣも高得点をとっていたので、すぐに採用されると期待して派遣会社に登録しました。派遣会社のポータルサイトをみて、いいなと思う会社をクリックすると担当者が派遣先に紹介してくれることになっていました。魅力的な仕事がたくさんあったので、何件も希望を入れていました。

しかし、待てど暮らせど、どの案件も前に進みません。不安になって担当者に連絡しました。二〇～三〇件もクリックをしているのに、どうして何も進まないのですかと聞いたら、「派遣会社内の選考」で落ちていることがわかりました。企業から派遣依頼が来たポストに、一つの派遣会社から推薦できるのは一人だけだそうで、他の派遣会社からも優秀な人が推薦されて来るのでその人たちとの戦いになるんです。そうすると、派遣会社としても採用される可能性が高い人を推薦しないといけない。その「派遣会社内の選考」に私は落ち続けているので、どこの企業にも紹介すらされていなかったのです。ショックでした。

理由を聞いたら、「あなたはブランクがあるから」といわれました。何回も何回も「ブランク」という言葉を使われるので、「確かに直近は働いていませんでした。でも、私の履歴書をみてください。これまでこんなに働いていて経験もあるし、資格も持っています」と言い返すと、「中島さん、企業がみているのはあなたの職歴でも資格でもなくて、あなたが今、無職だということだけです」といわれました。さらに「日本では、一旦キャリアトラックから外れた人が元の道に戻ろうとしても、戻れないんです。キャリアを一回中断した人が、元の収入とか、責任者のポジションにつくのは、残念ですが夢物語のようなものです」とのこと。その時の担当者は、正直に本当のことを話してくれました。その後たまたま派遣会社内で良い案件が出た時に、担当者がいち早く私に紹介してくれました。運よく採用され、その仕事に就くことができました。

どの採用担当者も、あなたが「今、何をしているか」をみています。「昔、あなたはこういう活躍していたんだね。こういう資格も持っているんだね。それで、今は？　今は何をしていますか？」と聞かれるんです。そうなると、帯同だったり、出産だったり、介護などで一回キャリアから外れた人が社会復帰することには、相当な壁が立ちはだかります。
あれから一〇年。今回パリに赴任するときも、親しくしている人材紹介会社のリクルーターに、本帰国したら仕事を紹介してほしいとお話したんです。すると、「もちろんご紹介しますが、一つだけお願いがあります。無職では帰ってこないでください。無職からの就職は厳しいです」といわれました。

白木　多様性を求めるのであれば、いろいろな経験をした人をどんどん入れていくことが重要だと思います。髪の毛の色が違っていたり、国籍が違っていたり、そういうことだけを多様性だと思っているのかもしれません。内面の違いは、多様性とは考えていないんでしょうね。しかし、それは誤りです。多様性には、外見的な多様性と、経験や価値観といった内面の多様性との二種類があります。後者の方が進んでいないです。それは見えないからです。でも、そっちの方が重要だと思うのですが。

三浦　なぜブランクにこだわるかというと、人事の仕事をしている側からするとブランクがあると、すぐに辞めてしまうおそれがあるからです。ブランクでも二種類あります。やる気がなくて仕事をしていないという人もいれば、やる気はあっても事情があって働けないという人もいます。駐妻でブランクがある人たちがこれだけ働いていますという実績を作っていかないと、理解してもらえないと思っています。そのとき、大切だと思ったのが、何が何でも働きたいという意欲があるかどうかです。

シングルマザーは結構採用されやすいです。それは、本気だからです。面接で「私は、この子のために生きていかなければならない」といわれると、この人は真剣にやるとわかります。先ほどの派遣会社の例でいうと、大手ではブランク期間があるとシステム上登録できないように組み込まれていたりするのです。

中島　そうですね。だから、LinkedIn などで自分をＰＲしていかないといけないと思います。人材紹介会社に頼るだけではなく、自分で自分をいかにＰＲしていくかが大切です。

多様性に弱い日本の企業人事部

白木　これまでの日本の人事部は多様性に対して弱かったのです。海外経験のない人が一番多い部門は、人事部です。海外に行ったことない人が、グローバル人事のシステムを作ったりしていたのです。だから、多くの施策は現場感覚に乏しく、使い勝手の悪いシステムになりがちなのでしょうね。これは、人事部の課題です。

森　会社や国によっては、パートナーの就職をサポートするところがあるということですが、日本の企業や組織は、依然として「妻は働かない」という仕組みであるということなのでしょうか。

梶川　日本は税と社会保障制度が複雑に設計されており、その辺りから変えていかないと難しいのではないかと思います。

あと、先程、白木先生がおっしゃっていたように、人事の方はずっと人事で、フルで働いている方が担当していらっしゃるというのも、問題だと感じています。そういう人たちこそ、二〜三年休まないといけないと思うのです。ずっと働き続けられる人から休んでいかないと、なかなか多様性を受け入れる土壌ができないと思います。その間、大学に戻っても良いし、色々な経験を積んで頂いて、ほかの分野でまた会社に戻るという感じで風土を作っていかないと。

皆さんは、ソーシャル・キャピタル（Social capital：社会関係資本）という概念についてご存じでしょうか。日本は、縦のソーシャル・キャピタルばかりがすごく強いのです。多様な働き方を受容するには、橋渡し型の横のソーシャル・キャピタルを高めていかないと、相当厳しいのではないかなと思います。

白木　おっしゃる通りです。ソーシャル・キャピタルはセーフティ・ネットとしても注目されていて、重要ですね。

三浦　実際、ベンチャーなどは、人事だけの経験じゃなくて営業と企画の両方をやっている人が活躍しています。大手は人事の縦割り社会でのソーシャル・キャピタルが強いです。

ベンチャーの人事が変わり始めてきているので、その波がどう大手に波及していくかなというのをみています。

白木　いろいろな面で人事部の方の意識や対応が遅れているんです。人事部も忙しくて、それ以外の仕事が来たらなるべく関与しないようにしていると思うんです。

日本企業もヨーロッパあたりではM＆Aを通じて会社を買収したり、技術提携をしたり、いろいろやっています。その場合には現地の経営管理層は既に存在する。他方、東南アジアでは自分の会社の技術を持っていって、徐々に大きくしていってというオーガニックな成長をしてきたところが多いのです。本社から日本人を派遣して現地のオペレーションを動かしてきたのですが、今コロナで海外に行けなくなって、結果としてローカライゼーションが急激に進んだ。進んでいることは事実ですが、経営管理層などの人材が実質的に不足しているのです。

要するに、現地の経営管理層やその候補者を育てるための資金やシステムがこれまでの現地法人には不足していたのです。なぜかというと、現地法人でそれだけの企画を作成して本社に要請するだけの力量がなかったこともありますし、同時に、本社からそのための資金や支援を出していなかったからなんです。海外の管理的専門的な現地スタッフの育成について、日本の本社から資金を出している大企業は極めて少ないことが我々の調査でも明らかになっています。[3]

その上に、帯同配偶者の課題に応えようとすると、国ごとに入管制度や税制等が違いますから、財務等と組んでビザや税制の問題をいろいろ考えていかないとできないんです。多忙な人事がやろうとしたら、過重負担となるのです。一〇〇か国に出ている企業があれば、一〇〇か国の入管制度や税制等を調べて、そのためにこうしたら一番いいとか、そう考えている暇がないんでしょうね。

越境テレワークは働く女性の救世主となるか

武田（早稲田大学出版部） 今の先生の話の補足ですが、前章の企業の人事担当者の方たちとの座談会では、皆さん、越境テレワークは現実にはできないとおっしゃっていました。税務上の問題もあるし、就労ビザの問題もあるのでということでした。しかし、白木先生が出演されたＮＨＫのニュースでは、越境テレワークによって、女性はキャリアを中断しなくてすむようになったと、福音のような話だと聞いていました。しかし、実際に企業の方に聞くと全く違う答えが返ってきたわけです。そのあたりは実際にはどうなんでしょう。

三浦　先日、ある大手メーカーの人事の方と話をしたのですが、その時まさにいっていたのが税制の問題でした。企業がなぜそこに足を踏み入れないかというと、もう一つ別の課題があって、会社は従業員を支えるのであって、奥さんは社員ではないと。大手であればあるほど公平感をすごく大切にしています。実績をまず作るという考えではなくて、社員の誰にとってもよい会社を目指そうとしています。

中島　私も、越境テレワークのチャンスは実際にはあまりないなと感じたことがありました。白木先生が出演されたニュースとは別に、新聞で読んだことがあるんです。女性がキャリアを中断せずに済む新しい働き方が流行っているという話でした。さっそく、親しくしているリクルーターにメールをして、「こういう働き方を新聞で読んだのだけれど、そういう仕事の案件を紹介してほしい」と頼んだら、「その記事を読んだ人からの問い合わせが殺到して困っているんです。実際はそのような案件はありません。そういうのは珍しいからニュースになるんですよ」という返答でした。

白木　だから、現状ではほとんどの場合、起業・転職して元の組織に頼らないでやるしかないんです。組織に頼っても、組織はなかなか動かないんです。組織の外に出て、自分たちで作っていくというのが、むしろ王道ではないでしょうか。

森　男女格差を示すジェンダーギャップ指数の日本の順位は下がっています。

三浦　女性あるいは女性管理職を何割にするという数値目標だけ立てていますよね。大手企業だと人がいっぱいいるから、その人に辞められたら困る度合いがベンチャー企業よりも低いと思うんです。越境経営しようと思ったら税制上、事務所を作らなければならない。一人のためにそれだけお金をかけるのかという話もある中で、ベンチャーだとその人がいなくなると、そんな人はなかなか採用できないという危機感があるのに対し、大手は人材に困らない。女性がいなければ、男性で入社したい人はたくさんいる。

さっき「珍しいから注目される」という話でしたが、そういう働き方がどんどん当たり前になっていってほしいです。大企業は、実績があるかどうかとか、「横に習え」という側面が大きいじゃないですか。トヨタがやっているからホンダが真似するとか。率先して実績を作っていくことも大事だと思います。

白木　ぜひ皆さんが起爆剤になって、世の中が変わっていくといいですね。最後に、皆さんのご経験から、社会のここが変わってほしいとか、もうちょっと良くしたいとか、お一人ずつ伺いたいです。

3　社会に変わってほしいこと

三浦　女性が働きたいときにいつでも働ける社会の実現を、と思います。「働くために今何をしなければいけない」ではなくて、働きたいと思ったときに働きやすい環境を選択できる社会。ただ、そのためには実績が大事です。日本は前例があるかないかが大事だと思います。

駐妻のキャリアのロールモデルをまとめたものがないと気づき、駐妻一〇〇人のキャリアインタビューを女子大生ライターにしてもらいました。具体的には、駐妻前にどんな仕事をしていて、駐妻中何をしたのか、結果、駐妻後にどんなキャリアに繋がっているのか二〇〇〇字のストーリーにしました。より多くのキャリアで悩んでいる駐妻たちに届いてほしく、駐妻期間中の過ごし方を八つに分けて、二〇二二年七月に八冊電子書籍化しました。[4]

キャリアの選択肢を知らないから選べないというのもあると思うんです。女子大生ライターたちにとってもキャリアの選択肢の広がりがあったため、大学生だけでなく、高校生にも今後はライターをしてもらう予定です。この本を手に講演活動もしたいと思っています。

田中　私、ヨーロッパに来ていいなと思ったのは、パパたちが育児する姿がすごくかっこいいんです。子どもを送る時もオープンカーで乗り付け、送った後もパパ同士でお茶しようかみたいな。日本人だってそういうことができるわけです。

私は林真理子さんが大好きなのですが、彼女のエッセイで、日本で子どもが少ない原因の一つは、ママたちがぼさぼさの髪で自転車にママチャリに乗って、前も後ろもおんぶまでしちゃって、雨の日もびしょびしょになりながら走っている姿を若い子が見て、育児したいと思う？　と書いていたんです。自分も、髪振り乱してママチャリをかっとばしていたなと思います。見た目から入るものもすごく大きいので、かっこよく育児するパパが増えたら素敵だなと思います。

梶川　私も田中さんがおっしゃられていることにすごく同感です。北京でも、お父さんの休日の過ごし方は、日本とはだいぶ違います。子どもとのアクティビティが中心で、奥さんは家にいて、ご主人が外に連れ出して、遊びに行くという風景が普通に見られます。平日フルで働いている夫に、私はそこまでは求めませんが、男性ももう少し仕事から離れた活動を通してリフレッシュしてほしい。

平日に柔軟な働き方をして、休日は家族とのアクティビティにもっと参画する、そういう風に変化するといいな、と思います。夫は五〇代なのですが、一〇歳下のお友だちをみるとだいぶ変わってきていると感じています。うちの夫は「家のことは奥さんに任せて」という最後の世代なんじゃないかと思います。家庭単位のミクロな世界では、下の世代は既にだいぶ変わっていると感じています。あとは、マクロな問題として、税と社会保障制度改革を、国として考えていかなければいけないと思います。

白木　社会保障、税制改革、具体的には何ですか？　例えば年金は国を超えた場合にどうなるとか、個人ベースにしてほしいとかそういう話ですか？

梶川　はい。個人ベースにするなどして、制度をシンプルにした方が働きやすいと思います。加えて、外国人が働きやすい社会の実現です。

中島　一番変わってほしいことは、キャリアを中断した人が、再度キャリアに復帰するときに障害がない社会になってほしいということです。

『ライフシフト』という、人生一〇〇年時代について書かれている本を読みました。本の中で紹介されていたこれからの働き方として、まずは大学で学んだことをベースに、新卒で仕事をする。そしてその後に学び直しの時間をとって、定年後、六〇、七〇歳で違うキャリアを選択するという働き方について書かれていました。すごく魅力的だと思ったのですが、日本では無理だろうなと感じました。帯同から帰国して就職活動をしたときに指摘された「ブランク」のことを思い出したからです。

日本で再就職しようとすると、とにかく実務経験の有無を聞かれます。例えば、私はずっとマーケティングの仕事をしてきましたが、もし今後人事の仕事に魅力を感じて改めて大学に入り人事の勉強をして、五〇歳で人事部のドアを叩いたとしても、「あなたには経験がありませんね。学校で理論は学んだかもしれないけど、実務の経験がない方を採用することは難しいです」といわれるでしょう。そういった新しい働き方について、社会の意識を変えていきたいです。女性に限らず、第二の人生で新しい世界にチャレンジしたいと思うご高齢の方もこれからどんどん増えると思いますし。誰もが新しいキャリアを追求するチャンスにオープンな社会になってほしいと思います。

白木　本日は「駐妻」のご経験に基づく貴重なお話をいただきましてありがとうございました。皆さんのご意見が世の中に行きわたり、活力あふれる楽しい社会の実現を期待したいですね。

1 独立行政法人 労働政策研究・研修機構『第七回　海外派遣勤務者の職業と生活に関する調査結果』（二〇〇八年三月）の中の特に「第Ⅱ部　海外派遣勤務者の帯同配偶者についての調査結果」（一七二―二一七頁）を参照。

2 ブラックほか著、白木ほか監訳『海外派遣とグローバルビジネス』白桃書房、二〇〇一年参照。

3 早稲田大学トランスナショナルＨＲＭ研究所『海外現地法人における採用人材（日本人も含む）の育成に関する調査』（株式会社ウィル・シード委託調査、二〇一七年五月）を参照されたい。

4 『駐妻キャリア図鑑』ボランティア編／現地就労編／海外大学院進学編／リモートワーク編など合計八冊（キンドル版、二〇二二年）。

【深掘りインタビュー】越境テレワークで広がるキャリアの可能性

日本⇅イギリス　「越境テレワークで〝海外〟赴任」

海外プロジェクト参加

「一週間に何度もイギリスのプロジェクトメンバーとミーティングがあります。直接会ったことは一度もないんですが、毎日オンラインで顔を合わせてミーティングしているので、日本のメンバーより会っている気がしますね」。

こう話すのは製薬会社ノボ ノルディスク社日本法人所属のYさん。関東地方在住のままイギリス法人のプロジェクトメンバーになって一年以上が経つ。デンマークに本社がある同社では、海外でのプロジェクト業務経験を成長の機会にしてもらおうと、社員を数か月から一年程度海外に派遣するグローバルショートタームアサインメントという制度を設けている。しかし、新型コロナウイルス発生以降、海外との往来が難しくなったことから、この制度をテレワークで実施しているのだ。

日本法人にプロジェクトへの参加の呼びかけがあったのは、二〇二一年二月下旬。イギリス法人で品質保証部門を担当する社員が育児休職することになり、プロジェクトの業務を担う人材を世界の社員の中から探していた。日本と南アフリカの法人が呼びかけに応じ、イギリス法人の社員の業務五〇％ずつをシェアすることになった。そこで日本法人で同様の業務を担う部門で一〇年以上にわたり経験を積んできたYさんに白羽の矢が立ったのだ。上司から打診を受けたYさんはほぼ即答で引き受けることを決めた。そして二〇二一年三月から、勤務時間の半分をイギリス法人の仕事に、半分を日本の仕事にあてることになった。日本での仕事を手放すことなく、以前から興味のあった海外の仕事を、自宅からテレワークで行えることに魅力に感じたという。

時差を活用!?

越境テレワークで心配されるのは時差だ。日本とイギリスの時差は九時間（サマータイム期間は八時間）もある。越境テレワークを行う上で障壁にならないのだろうか。

Yさんは「時差は気にならない」と話す。まず、業務を引き受ける前に、上司がイギリス法人に対して時差に配慮するよう要請。本人からもプロジェクトメンバーに対し、ミーティングは日本時間の午後一〇時までに終わらせてくれるよう希望を伝えている。プロジェクトチーム内のミーティングはYさんが参加しやすいよう、イギリスの就業開始の午前九時（日本時間午後六時）に開催されることが多い。これより遅い時間帯に出席が必要なミーティングが開催される場合は、先に休憩時間を取って夕食を済ませてから参加する。その結果、日本で出社して働いていたときよりも規則正しいリズムで生活できているということだ。さらに強調するのは「時差の活用」だ。イギリスのプロジェクトメンバーが、業務終了時に新たに対応が必要になった事項をYさん宛にメール。日本の朝、Yさんはメールを確認し、イギリスの同僚たちが寝ている間に必要な情報を集めて資料を作成、イギリスの就業時間開始に合わせて資料をメールで届けることができる。すぐに対応が必要な問題が発生しても、日英の連携プレーで無理なく効率的に業務を進めることができている。Yさんの仕事ぶりはイギリス法人から高い評価を得て、当初一年間とされていたプロジェクト参加は延長されることになった。

海外プロジェクト参加で得たものとは

Yさんが外資系のノボ ノルディスク社の日本法人で勤務して一〇年以上経つが、同じ会社のイギリス法人での協働は気づきの連続だという。特に学んだのは、仕事や生活についての優先順位の付け方だ。日本人は必ず期限までに仕事を終わらせようとするが、イギリス法人のメンバーの仕事は、休みは休み、切り替えが早い。走りながら仕事の優先順位を考え、あまり重要視していない業務は遅らせ、本当に重要なことだけに集中しているという。

「時差の活用」や「業務の優先順位の付け方」。Yさんの気づきは、日本法人の上司にもフィードバックされている。今回の取材では、Yさんの上司にも話を聞いた。この上司には、社内の様々な部署から「自分も海外のプロジェクトに参加してみたい」という声が相次いで寄せられているという。「弊社は外資系なので、多くの社員が海外での仕事に興味を持っていますが、実際に拠点を移して家族と離れ、気候も仕事も違う場所で一年も生活するとなると、ハードルの高さを感じて躊躇する社員も少なくありませんでした。しかし、Yさんの働き方を知ることで、自分も出来そうだというイメージを持つ社員が増えています」と話している。

ブラジル⇅日本・世界　「越境テレワークでビジネスを拡大」

まさかのチャンス到来

「取引先とオンラインでお会いするというのが失礼ではなくなりました。コロナ前は『日本に帰ってきたらお話聞かせてくださいね』と断られていたのが、今は初対面からオンライン。ブラジルの自宅が会議室になりました」と話すのは、ブランディング会社のCOOを務める三浦梓さん（本章本文の座談会にも参加）。夫のブラジルへの転勤に帯同し、ブラジルサンパウロ州で暮らしている。新卒でリクルートに入社した三浦さんにとって、営業は「人と会ってなんぼ」。日本を離れると取引先の開拓は困難だと思っていたが、オンライン面談が主流となったことでチャンスは拡大した。例えば、会社が請け負っている企業の採用などの面談。これまでは依頼主の会社に行って、会議室などを使って面談を行なっていたが、新型コロナウイルス発生以降、オンライン対応に変更になった。大量の面接案件を受けられるようになった上、予想外に日本企業の面談をブラジルからも担当することができた。多いときには月に六〇件ほどの面談業務を行った。

さらに大学の研究員も続けることもできた。二〇一八年から在籍する慶應義塾大学大学院システムデザイン・マネジメント研究科（慶應ＳＤＭ）での活動をブラジルから引き続き担当することができたのだ。最初の二年間は大学のキャンパスで行っていた授業は、二〇二〇年春からはオンラインに移行。キャリアの継続を諦めずに済んだ。

世界のどこにいても私らしいキャリアを

三浦さんは、世界中にいる日本人駐在員の妻をつなぐコミュニティ駐妻キャリアｎｅｔ（https://chuzuma-career.net/）の代表でもある。働く意欲のある人が、これまでの専門性を活かした仕事をテレワークで請け負えるようにしたいと、環境整備に取り組んでいる。新型コロナウイルス発生前は、法務や経理、人事部門はテレワークには相応しくないとする企業が多かったが、緊急事態宣言発令により、どこの企業もテレワークを導入せざるを得なくなり、経営者も業務委託を前提とした話し合いの場に参加してくれるようになった。それぞれの企業にどんな業務があるか細かく聞き取り、テレワークで行える業務を抜き出して、必要なスキルのレベルに合わせて四段階に切り分ける。専門性とのミスマッチを防ぐためにもこの業務の切り分けを大切にしている。人事・労務部門の業務を例に挙げると、「レベル１」は、単に勤怠のデータを集める業務。次いで「レベル２」は、年末調整の集計などルールに則って行う業務。そして、最も高いスキルが求められる「レベル４」は、就業規則の改訂といった労務部門での豊富な経験や高い専門性が必要となる業務だ。加えて、日本のオフィスとリアルタイムで連絡を取り合いながら行う業務と、自己の裁量で進められる業務にも分けた。各国と日本との時差に配慮し、無理なく働けるようにするためだ。このリストをもとに、個々の経験や専門性に見合った業務とマッチングを行い、アメリカ・ドイツ・フィリピンなどに住む二〇人の駐在員の妻が日本企業の仕事をテレワークで行っている。

最近ではLinkedIn（世界最大級のビジネス特化型ＳＮＳ）を通じて、企業の企画担当者から相談が寄せられることもある。オンライン上だからこそ気軽に「ＺＯＯＭで三〇分お話ししましょう」という話になり、互いのアイデアを交換できる。移動の必要がないため、一日に行うミーティングの数が増えた。LinkedInやSlack、ＺＯＯＭのオンラインツールだけで、やりとりが完結するようになり、大企業との協働もできるようになった。三浦さんは、越境テレワークを「革命的」だと感じている。

シンガポール⇅日本　「会社の成長も家族との生活も諦めない」

経営陣も越境テレワーク

東京から約五千キロ離れたシンガポールからのテレワークで、日本企業の経営の一翼を担っている女性がいる。人工知能を使った音声解析サービスを提供する株式会社RevComm（レブコム）でCPO（最高プロダクト責任者）を務める重城聡美さんだ。重城さんは、二〇二〇年夏に入社以来東京渋谷の本社オフィスに出勤したのは、入社から一年三か月後のわずか一週間。それ以外の期間は全てシンガポールの自宅からテレワークで業務を行なっている。製品の責任者であり、戦略立案も行う。まさに企業の中枢を担う人材だ。重城さんがこの会社に就職した最大の決め手は、夫や子どもと一緒にシンガポールで暮らしながら働けることだった。

東京大学大学院で精密機械工学を専攻し、新卒では外資系コンサルティング会社に就職。MBA留学を経てアメリカのIT企業やシンガポールにある外資系企業でも働いた。重城さんは世界最先端の企業で経験を積んだ二〇代を「どうしたらキャリアアップできるかということにフルコミットしていた」と振り返る。結婚当初はアメリカと日本での別居婚。その後、夫婦ともにシンガポールで働くことになり、同居できることになった。妊娠した後も、できる限り働きたいと考えていたが、妊娠中の体調不良に加え、当時勤務していた企業の海外出張の多さに将来が見通せず、退職の道を選んだ。そして出産後の二〇二〇年、夫と共に子どもを育てながら、自身もやりがいを感じられる仕事に就きたいと探していたときに出会ったのがレブコムだった。

新しい働き方が創るコーポレートカルチャー

この会社は、二〇一七年の設立当初から「働く場所と時間を自由に選択できる」という創業者の強い信念により、フルリモート、フルフレックスの働き方を提唱してきた。広いオフィスを確保する費用を抑えその分を社員の給与に還元することに加え、育児や介護で働き方に制約がある優秀な人材を確保したいという狙いがあった。その結果、ＩＴ企業の最前線で成果をあげたいという思いと、子育てにも時間をかけたいという思いの両方を叶えたいという人材が集まり、事業の拡大につながっている。本社は東京渋谷にあるが、およそ二〇〇人の社員の三割は一都三県以外の地方もしくは海外に住んでいる。重城さんは、シンガポールの自宅でベビーシッターに子どもの世話をしてもらいながら、ドア一枚隔てた部屋で働いている。家庭の事情を優先しつつ、会社の成長にも深く関与できることに、大きなやりがいを感じている。昇進し、部下も増えてきた。対面で会ったことのないメンバーと働く上で気をつけているのは、人と人との当たり前のコミュニケーションを大切にすることだ。オンラインだけの関係では、どうしても親近感を持たれづらく、職場への帰属意識を持ってもらいにくい面がある。仕事で気になったことを気軽に相談してもらえるよう、ミーティングの前後には雑談をして、話しやすい雰囲気を作るよう心がけている。全社でフルリモート、フルフレックスの働き方が前提となっているため、情報は文字で共有する。結果だけでなく、その経緯や思い、雰囲気もできる限り言葉にして残すことを大切にしている。重城さんだけでなく、人事責任者も長野県に住んで自らテレワークを実践している。経営陣が一丸となって「子育てや介護や様々な理由で仕事を諦めるのではなく、働ける環境を作る」という企業のロールモデルになるという意気込みでコーポレートカルチャーを創っている。

会社の成長も家族との生活も諦めない

二〇二二年現在、日本は円安に襲われている。日本企業で働き、海外で生活するということは、為替の変動によって収入が安定しないという課題を常に抱えることになる。税金や社会保険の手続きが煩雑である。その上、日本企業に勤務した状態で現地の就労ビザを取得するのは難しい。配偶者ビザで滞在することになると、共働きといってもパートナーのビザに頼らざるを得ない。こうしたデメリットは確かにある。それでも重城さんは越境テレワークのメリットが大きく上回ると感じている。家族に選択の自由をもたらすからだ。夫も世界を舞台に仕事をするビジネスパーソンだ。次の仕事の拠点が世界のどこになるのかはわからない。夫婦ともにやりたい仕事をし、一緒に住むためには越境テレワークが欠かせない。今後も家族の事情に合わせて生活の拠点を移しながら、仕事を続けたいと考えている。二〇二二年春、重城さんは二人目の子どもを出産し、二児の母となった。「まさか私が二児の母になるなんて、二〇代のときには想像もしませんでした。これからも、会社の業績を伸ばしつつ、家族の生活を大切にしていきたいと思います」と弾む声で話してくれた。

聞き手：森 加奈子（もり かなこ） 国家資格キャリアコンサルタント。早稲田大学大学院経営管理研究科在籍。元ＮＨＫ記者。早稲田大学政治経済学部卒業後、二〇〇一年ＮＨＫに入局し、鹿児島放送局、北九州放送局、報道局などで勤務。

第四章　テレワークに伴う働き方革命と企業の人事権

——法的視点から

巻頭の「やや長いまえがき」でも述べたように、グローバリゼーション下にある日本企業にとって、これまでの雇用慣行、人事部・人的資源管理（ＨＲＭ）のあり方は大きな変容を迫られている。

換言すれば、大企業の正社員を中心に一般的にみられるような雇用慣行、すなわち、企業が従業員に対し長期の雇用と生活を保障する代わりに、従業員は企業内における配置・昇進や処遇に関する決定権限を会社に委ねるという暗黙の関係が徐々に成り立たなくなってきている。

企業に職業生活の多くを一任するという雇用関係が長期にわたり継続できたのは、一九五〇年代からの高度経済成長期にはじまり一九九〇年代初めのバブル崩壊まで継続した特殊な時代背景があったためである。もちろん、この間、第一次、第二次石油危機があったりして若干の逸脱は免れなかったものの、基本的な雇用関係は継続された。

そのような時代背景は、一九九〇年代以降、大きく後退した。

すなわち、一九九一年のバブル崩壊以降の日本経済の成長力は長期にわたり極めて低いものとなり、それに応じて前述のような特殊な時代背景は徐々に終焉の方向に向かっていった。このため、「企業が従業員に対し長期の雇用と生活を保障する代わりに、従業員は企業内における配置・昇進や処遇に関する決定権限を会社に委ねるという暗黙の関係」は徐々に維持できなくなってきた。

その底流に加えて、第一章でみたように、二〇二〇年初頭から世界に広がった新型コロナウイルスのパンデミックは、テレワークをはじめとする技術革新の浸透を伴いながら仕事における「革命的変化」を白日の下に晒し、さらには、企業と従業員の間に存在した暗黙裡の関係の変容を一気に進めたのである。

本章では、法的な視点から、企業の労働者の活用に関する決定権限の変化に関連する諸点の変化を確認することにしたい。具体的には、整理解雇規制、労働時間規制の変化、配置転換（以下、配転）、さらには、「人事権」のあり方について労働法の観点から考察する（本章中の判例に基づく叙述のほとんどは、小倉崇徳弁護士によるものである。小倉弁護士のプロフィールは一八七頁参照）。

1　整理解雇について

労働法の分野においては、労働基準法をはじめ労働三法が存在していたが、解雇や配転、労働時間の認定においては、判例の長年の積み重ねによる判例法が主たる根拠となっていた。しかし、それでは経営者や一般労働者がわかるはずもなく、わかりにくいといわれていた。そのため、平成二〇（二〇〇八）年に労働契約法が施行され、これまでの労働契約に関する判例法理がまとめられることとなった。

たとえば、整理解雇については東洋酸素事件（東京高判昭和五四〔一九七九〕・一〇・二九労判三三〇号七一頁）において、①解雇の必要性、②解雇回避努力、③人選の妥当性、④手続きの相当性の四要件（四要素）が必要とされていたが、労働契約法一六条においては、「客観的に合理的な理由を欠き、社会通念上相当であると認められない場合は、その権利を濫用したものとして、無効とする」と記載されるようになった。

コロナ禍においても、多くの解雇が行われたが、雇用調整助成金が受給できることや、希望退職を募っていないことを理由として解雇無効の裁判例が相次いだ。[1]解雇が有効となったのは、事業者が事業自体を辞めてしまったような事例[2]である。

本書は、「働き方革命」や「企業の人事権の今後」がテーマであるため、ここでは解雇の議論には深入りしないが、解雇の自由化や解雇の金銭解決制度は不景気になると必ず巻き起こる議論である。中高年労働者の再就職の困難さを踏まえれば、福祉制度との両輪の議論なくして進めることは困難であろう。

以下では、コロナ禍がもたらした、テレワークなどの働き方の変容に伴う、従来の法律の限界や今後あるべき法律の解釈について、「働き方」に密接に関連する労働時間と、解雇や配転をはじめとする企業の人事権の制約について焦点を当てて論じていきたい。

2　テレワークと「労働時間」について

従来の労働時間の定義

三菱重工業長崎造船所事件（最高裁平成一二〔二〇〇〇〕・三・九民集五四巻三号八〇一頁）においては、労働時間の定義は、「労働者が使用者の指揮命令下に置かれている時間」とした上で、「労基法上の労働時間に該当するか否かは、労働者の行為が使用者の指揮命令下に置かれたものと評価することができるか否かにより客観的に定まるものであり、労働契約、就業規則、労働協約等の定めのいかんにより決定されるべきものではない」と判示した。現在の実務もこの基準で労働時間該当性は判断されている。

労働時間を緩める既存の制度

他方、労基法上の労働時間規制になじまない場合として、労基法はいくつかの例外を認めている。

ア　管理監督者（四一条二号）

管理監督者の定義は、労働時間、休憩及び休日に関する労基法の規制を超えて活動しなければならない企業経営上の必要性が認められる者を指すから、労働条件の決定その他労務管理について経営者と一体的立場にあり、出勤、退勤等について自由裁量の権限を有し、厳格な制限を受けない者をいうものとされており、具体的には、その権限や待遇を踏まえた上で判断される。

管理者イコール管理監督者ではなく、経営者と一体的立場になければならない。労基署の通達では、銀行では支店長クラスでなければ管理監督者として認められない（昭和五二〔一九七七〕年二月二八日基発一〇四号の二）。さらに、ハンバーガーチェーン[3]や紳士服チェーン[4]などの正社員が少数の店舗では、支店長でも管理監督者性が否定される。

イ　裁量労働制

専門業務型裁量労働制と企画業務型裁量労働制があり、前者は研究職や専門職を対象とし、対象となる業務遂行の手段や方法、時間配分等に関し労働者に具体的な指示をしないこと、といった要件の他、健康管理措置などの要件も科されている（労基法三八条の三）。後者については、労使委員会の設置など細かい要件が定められているが（労基法三八条の四）、あまり活用されていないといわれている。

ウ　みなし労働

労働者が労働時間の全部又は一部について事業場外で業務に従事した場合において、労働時間を算定し難いときは、所定労働時間を労働したものとみなす（労基法三八条の二）制度が労基法上存在している。テレワークも「事業場外」で行われるため、一見、有効に活用できる制度である。

しかし、このみなし労働は「労働時間を算定し難いとき」という要件が付されており、従来の裁判例においては、タイムカードで管理していたり、携帯電話を所持させたりすることによって、管理が可能であったということで、多くの事例で、みなし労働を否定しており、あまり活用されていない。テレワークのときも、パソコンや携帯電話を用いた時間管理は現在の技術をもってすれば極めて容易に行えるので、テレワークに際してみなし労働が適用される例は稀であろう。

テレワーク中の働き方

テレワークを自宅で行っている例を考えたい。多くの労働者はパソコンを利用しており、パソコンのログイン・ログオフを用いた使用者による時間管理は極めて容易なのは明らかである。

他方で、ログインしているからといって必ずしも働いているという保証はない。企業によってはZOOMなどをつなぎっぱなしにするような会社もあるようであるが、ずっと上司に監視されているということでは、労働者のモチベーションやストレスに大きな影響を与えるので多くの企業では導入されていないと思われる。

たとえば、家族がテレワークをしている自営業者の例であるが、テレワークをしていると、本人や配偶者宛ての宅配便（通販の商品・ふるさと納税・株主優待・生協など）が毎日のように何度も届く。一回一回の対応時間はわずかであるが、積み重ねればそれなりの長時間となろう。他にも想定される事例としては、近所の人が回覧板を持ってきて立ち話が長くなるとか、営業が来てしまってなかなか帰ってくれない、子どもが喧嘩して仲裁の必要が出るなど、自宅で仕事をしている以上、仕事以外のことの事例を挙げれば枚挙にいとまがない。

長時間労働のおそれ

労働時間規制は、労働力の安売りを避けるための最低賃金法と同様、人が人間らしく生きるための重要な規制である。イギリス工場法が制定された時代は一日一四時間以上休みなく働かされていたような時期もあった。このような奴隷とでもいうべき状態とならないためにも重要な規制である。

また、近年、ワタミ事件[6]や第二電通事件[7]などで話題になったように、過労死・過労自死防止という観点からも、労働法規制は極めて重要である。平成二六（二〇一四）年に過労死等防止対策推進法が施行され、労働時間の上限規制も設けられることになった（いままで上限規制がなかったこと自体が問題であるが）。

会社に出勤していれば、終電の時間があったり、ビルが閉まったりということで一定の長時間労働の抑止にもつながってきた。労働組合が強い会社では、決まった時刻になると労働組合が電気を消して回るということもあった。

これが、自宅などのテレワークでは全く歯止めがきかなくなる。早朝でも深夜でも対応できてしまう。もちろん、子どもが寝静まった後に仕事ができるなどのメリットもあることは重々承知しているが、あくまでそれは適切な総労働時間の範囲内に収まっていればということであろう。

労働時間はどのように判断されていくのか

前述を踏まえると労働時間該当性の判断は、本書で強調している「働き方革命」によりどのように変わるのであろうか。

私見としては、昼休みや夕食の時間などの数十分単位の休憩時間を除いてはほぼすべてのテレワークを労働時間と評価してよいと考える。

前提として、従来の判例法理を振り返りたい。小売店などでのいわゆる手待ち時間（客が来ない間待機している時間）が労働時間に該当するのは通説・判例である（すし処「杉」事件・大阪地裁昭和五六〔一九八一〕・三・二四労経速一〇九一号三頁）。また、警備員やマンション管理人においても、明らかな仮眠時間を除いては、待機している時間も労働時間として評価されている（大星ビル管理事件・最高裁平成一四〔二〇〇二〕・二・二八労判八二二号五頁）。

また、コロナ禍前でも、多くの職場においてはトイレ休憩や喫煙のための休憩は、いちいち休憩時間として計上してこなかったはずである。

したがって、テレワークにおいても、宅配便の受け取りや来訪者への対応は労働時間に含めてよく、他方、食事の時間など従来も休憩として扱われていた時間は休憩時間として計上すべきであろう。

なお、食事をしていたとしても、電話番などいつでも顧客などへの対応ができる状態で休憩していた場合は従来の解釈でも労働時間に該当する[8]ので、テレワークにおいても、チャットサポートできるよう待機しているなど、いつでも上司や顧客からの問い合わせに対応できる状態の休憩は、休憩ではなく「労働時間」となる可能性が高いので注意が必要である。

3　人事権の行方

ここからは、企業の人事権の行方について論じていく。

契約自由の原則は存在するものの、従来の判例法理は全般的には、労働者活用における企業の自由度・決定権限が制限され、労働者の自由度が拡大する方向への動向がみられたといえる。これに加えて、二〇二〇年に始まる新型コロナウイルスのパンデミック化に伴い、急速にテレワークが導入されることになり、その傾向がより鮮明になったのではないか。

そうすると、企業が従来保有していたいわゆる「人事権」が制約され、それに応じて従業員に対する企業側の裁量度は狭くなっていくのではないだろうか。本節ではこの点を考えてみたい。

意外ではあるが、法律的には「人事権」を明確に定義しているわけではない。全日本情報学習振興協会の『働き方改革用語集』をみると、「人事権」は以下の通り、概説されている。

「人事権」は、最も広義には、労働者を企業組織の構成員として受け入れ、組織のなかで活用し、組織から放逐する一切の権限を指す。より狭義には、「人事権」とは、採用、配置、異動、人事考課、昇進、昇格、降格、求職、解雇など、企業組織における労働者の地位の変動や処遇に関する使用者の決定権限を指していると考えられる。このような人事権は、いくつかの局面では重要な法規制を受けており（解雇の法規制、均等待遇原則、女性の機会平等、不当労働行為の禁止、短時間労働者に対する差別待遇の禁止等）、また、労働協約、就業規則、労働契約などの規制を受けることもある。したがって、正確には、使用者は、これらの規制の範囲内で一方的決定権限としての人事権を有することとなる。[9]

労働法学者も、「わが国の長期雇用慣行においては「経営権」「人事権」の名のもとに、使用者があたかも意のままに人事異動を行えるかのような誤解が広まっている。配転、出向、転籍は、諸外国にはみられない日本独特の雇用慣行といってよい。しかし、法的には、人事異動に対してさまざまな制約が課されているのであり、権利濫用の判断基準にしても、時代の変化に応じてハードルの再調整を行うことが求められている。」（五七頁）[10]と述べている。

こうして、長期雇用慣行の維持が徐々に難しくなる中で、テレワークの導入という「時代の変化に応じて」企業の人事権は大きな制約に直面せざるを得なくなってきている。そこで、重要な人事権の一つである「配転」についてこれから検討していく。

4　「配転」について

従来の配転に対する考え方

大手企業において、配転は従来避けられないものとして考えられていたし、「家を買うと遠方に転勤させられる」という笑えない逸話やジンクスも従来から存在していた。転勤はキャリアのステップアップのためには避けられないものと考えられていたし、それを当然とする文化もあった。家族は夫に単身赴任してもらうか、あるいは、自分の転職・離職や子どもの転校を受け入れ、転勤に帯同するかの選択を迫られた。多くの場合、女性労働者において転職（もしくは退職）の選択を強いられていたのではないだろうか。

他方、判例法理においても、解雇規制は厳しい一方で、転勤については、会社側の都合を優先する判例が相次いでいた。親が重病であるとか、子どもが特異な病気でもない限り配転は有効とされてきた[11]。

労働側の弁護士の間においては、「裁判官は三年程度で、北海道から沖縄まで全国を転勤させられ、全国を渡り歩いており、それで家庭も何とかなってきてしまっているので、転勤については、血も涙もない判決になるのだ」という皮肉がささやかれているほどである。

一方で、上記のとおり、労働者側にも、解雇さえされなければ会社に従えばよいと考えていた節もあり、会社に滅私奉公し、会社とは一蓮托生という古典的な考え方が影響していたと思われる。

これらの考え方が、コロナ禍によるテレワークの発達・浸透によりどのように変化してきたのであろうか。

配転法理

東亜ペイント事件[12]（最高裁昭和六一〔一九八六〕・七・一四労判四七七号六頁）においては、配転の有効性の要件は以下のとおりとなっている。

まず、就業規則上または個別契約に根拠があることが前提であるが、さすがに複数の支店や事業所があるような会社で就業規則に配転条項が入っていない会社はみたことがないので、割愛する。

肝心のメインの要件は、①業務上の必要性がない場合、②不当な動機・目的が認められる場合、③労働者に対し通常甘受すべき程度を著しく超える不利益を負わせる場合等特段の事情がある場合、の三点から総合評価がなされてきた。そして、従来、一般的にいわれてきた、①の必要性が高ければ、③の特段の事情も相当高くなければならない一方、①の必要性が低ければ、③の特段の事情のハードルも下がるという考え方を採っているというものであった。

「働き方革命」によって下がった「配転の必要性」

上記のとおり、配転命令の有効性については実務的には、会社にとっての必要性と労働者の不利益とを比較考量する傾向にある。このため、さして必要性がない（その人がいると便利）くらいの場合と、余人をもって代えがたい必要性の場合では、労働者の不利益の程度が同じくらいでも判断が分かれている。

　そして、今回のコロナ禍におけるテレワークによって、この必要性の要件に大きな影響が出た。テレワークができるようになる以前は、営業するにも労務管理するにしても、現地の支店・事業所まで転勤し、そこを拠点として行わなくてはならなかった。それが、営業のスタイルも対面からＺＯＯＭなどが多用されるようになり、社内の会議もＴｅａｍｓなどのソフトが多く利用されるようになった。結局、支店や支社までどうしても行かないといけないのは、工場における生産ラインの整備の仕事など、現地に行かなければならない業務だけであり、その他の仕事はテレワーク、どうしても行く必要がある場合でも一時的な出張という形で代替可能になったのである。

　そうすると、いままでは「配転の必要性」があるとなされていた業務の大半は、「必要性がない」もしくは「必要性が低い」ということになったのではないであろうか。

　実際に、ＮＴＴグループでは、従業員の働き方を大幅に見直し、原則、従来のオフィス出勤ではなく、在宅やサテライトオフィスでのリモートワークに切り替えるとともに、転勤や単身赴任も廃止する方向で検討する方針を打ち出した（二〇二一・九・二九　ＮＨＫニュース）。他の企業でも同様の動きがあり、今後、転勤や単身赴任は減少する傾向にある。第二章の人事担当者とのディスカッションでも、この点は指摘されている。

コロナ禍以降の配転に関する裁判例は、労働判例上は確認できなかった。今後の裁判例の集積を待ちたい。

小倉崇徳（おぐら　たかのり）　早稲田大学政治経済学部卒業後、同大学大学院法務研究科修了。司法試験合格後、弁護士として活動。とちぎ法律事務所所属。栃木県労働弁護団事務局長、日本労働弁護団常任幹事。主な著作に、『Q＆A誰でもできるブラック企業対策』（共著、集英社インターナショナル、二〇二一年）など。

1 森山（仮処分）事件（福岡地裁令和三〔二〇二一〕・三・九労判一二四四号三一頁）
新型コロナウイルスの感染拡大によって、貸し切りバスの運行事業がまったくできなくなった事案においても、解雇が、客観的な合理性を欠き、社会通念上相当とはいえないとして、無効と判断された。同様の裁判例として、センバ流通（仮処分）事件・仙台地令和二（二〇二〇）・八・二一労判一二三六号六三頁。他に、手続きが妥当でないとして解雇を無効としたアンドモワ事件・東京地裁令和三（二〇二一）・一二・二一労判一二六六号七四頁。

2 龍生自動車事件（東京地裁令和三〔二〇二一〕・一〇・二八労判一二六三号一六頁）は、会社解散に伴う解雇として、解雇を有効と判断している。

3 日本マクドナルド事件（東京地裁平成二〇〔二〇〇八〕・一・二八判タ一二六二号二二一頁）
管理監督者とは、企業経営上の必要から、経営者と一体的な立場で労働条件の枠を超えて事業活動することもやむを得ないような重要な職務と権限を付与され、また、賃金等の待遇においても優遇措置が取られている者のことをいうとし、本件店長は、アルバイトの採用や育成、勤務シフトの決定等の権限を有し、店舗運営について重要な職責を負ってはいるがその権限は店舗内の事項に限られ、企業経営上の必要から経営者と一体的な立場での重要な職務と権限を付与されているとはいい難く、賃金実態も管理監督者の待遇として十分とはいい難いとして、管理監督者に当たるとは認められないと判示した。

4 青山商事（洋服の青山）やコナカでも店長の管理監督者性が争われたが、金銭を支払う形で和解している。

5 阪急トラベルサポート事件（最高裁平成二六〔二〇一四〕・一・二四労判一〇八八号五頁）
業務の性質、内容やその遂行の態様、状況等、本件会社と添乗員との間の業務に関する指示及び報告の方法、内容やその実施の態様、状況等に鑑みると、本件添乗員業務については、これに従事する添乗員の勤務の状況を具体的に把握することが困難であったとは認め難く、労基法三八条の二第一項にいう「労働時間を算定し難いとき」に当たるとはいえないと解するのが相当であると判示し、みなし労働を否定した。

6　ワタミ事件
　居酒屋チェーン「ワタミ」子会社の正社員（当時二六歳）が二〇〇八年に過労自殺したのは会社側の責任だとして、遺族が東京地裁に提訴した事件。過重労働による労災が既に認定されており、ワタミ側が責任を認め約一億三千万円を支払い、謝罪して和解した。

7　第二電通事件
　過労死を認定した電通事件（最高裁平成一二〔二〇〇〇〕・三・二四民集第五四巻三号一一五五頁）の後の、平成二七（二〇一五）年に新入社員が長時間労働により自死した事件。労災認定後、裁判で和解が成立している。

8　上記すし処「杉」事件のほか、昭和二三・四・七基収一一九六号など行政通達も同様に解釈している。

9　全日本情報学習振興協会 働き方マスター試験『働き方改革用語集』https://www. work.or.jp/wsr/word/w07/w7-2-2.php

10　新谷眞人「配転と出向・転籍」『日本労働研究雑誌』第六五七号、労働政策研究・研修機構、二〇一五年四月、五六—五七頁。https://www.jil.go.jp/institute/zassi/backnumber/2015/04/pdf/056-057.pdf

11　明治図書出版事件　東京地決平成一四（二〇〇二）・一二・二七労判八六一号六九頁
　重度の病気の家族を自らまたは配偶者らと看護していたケースで、配転命令を権利濫用で無効とした。

NTT東日本（北海道・配転）事件　札幌高平成二一（二〇〇九）・三・二六労判九八二号四四頁

障害をもつ両親を妻や妹らと介護していたケースで、上記判例同様、配転命令を権利濫用として無効とした。

12

使用者は業務上の必要に応じ、その裁量により労働者の勤務場所を決定することができるものというべきであるが、特に転居をともなう転勤は、一般に、労働者の生活に影響を与えるものであるから、使用者の転勤命令権は無制約に行使できるものではなく、これを濫用することは許されないところ、「当該転勤命令につき業務上の必要性が存しない場合又は業務上の必要性が存する場合であっても、当該転勤命令が他の不当な動機・目的をもってなされたものであるとき若しくは労働者に対し通常甘受すべき程度を著しく超える不利益を負わせるものであるとき等、特段の事情の存する場合がない限りは、当該転勤命令は権利の濫用になるものではない」。業務上の必要性についても、「当該転勤先への異動が余人をもっては容易に替え難いといった高度の必要性に限定することは相当でなく、労働力の適正配置、業務の能率増進、労働者の能力開発、勤務意欲の高揚、業務運営の円滑化など企業の合理的運営に寄与する点が認められる限りは、肯定すべきである」。

第五章　これからの人材開発と人事ドメイン

これまでの諸章でみてきた通り、高度成長期に築かれた「企業が従業員に対し長期の雇用と生活を保障する代わりに、従業員は企業内における配置・昇進や処遇に関する決定権限を会社に委ねるという暗黙裡の関係」はバブル経済の崩壊以降、その底流で変容を迫られてきていたが、二〇二〇年初頭から世界に広がったパンデミックによる国内外でのテレワークの急激な進展・浸透は、仕事における「革命的変化」を一気に招来した。それは各章の随所で確認できた。

もちろん、このようなテレワークの一気の進展・浸透は、日本だけで発生したわけではない。欧米もアジアも中南米もその他の地域でも、大なり小なり世界中で同様の変化が起こった。

例えば、米国の労働者を対象とした二〇二〇年調査（調査対象は二〇—六四歳の男女一〇〇〇〇人）によると、新型コロナウイルス感染症の感染拡大後に在宅テレワークを経験した者は五七・九％、調査実施の時点で在宅テレワークをしている者は三五・三％という結果であった。また、在宅勤務の実施者に対して、職場勤務と比較した場合の在宅テレワークの効率性について尋ねたところ、「職場での勤務の方が効率的」という回答は一五・三％にとどまり、「職場勤務と同じ」が四三・五％、「在宅テレワークの方が効率的」が四一・二％となり、在宅テレワークに対する評価の方が肯定的であった。[1] また、ＥＵでは、*Euro found* (European Foundation for the Improvement of Living and Working Condition) が二〇二〇年二月に公表した調査によると、新型コロナウイルス感染症の流行後に、ＥＵ域内の労働者の三六・五％が在宅テレワークを始めている。新型コロナウイルス感染症流行以前は、在宅テレワークを月一回以上実施していた労働者は二二・七％にとどまっていたため、ＥＵでも新型コロナウイルス感染症の流行を契機として、在宅テレワークが拡大した。[2]

さて、これまでの諸章の検討を踏まえ、結論として以下の点を指摘しておきたい。

人事部門の二つの役割の確認

第一にまず、人事部の人的資源管理（ＨＲＭ）には、二つの機能があることを確認しておく必要がある。[3]

人事部門（ＨＲ部門）の機能としては、まずもって、企業戦略・事業戦略の達成に向けて事業部門に対して人材面から中長期的な視点を持って支援をすることが求められる。ビジネス・パートナーとしてのＨＲ部門の機能がＨＲＢＰ（Human Resource Business Partner：人事ビジネスパートナー）と呼ばれるのはこのためである。人材確保・育成の一環としてグローバル・タレント・マネジメント（ＧＴＭ）を設計・推進するのも、またコロナ禍で事業継続計画（ＢＣＰ）のために各種の手を打ってきたのも、ＨＲＢＰの機能を遂行するためだったのである。

他方で、同時に、ＨＲ部門は、施策の対象が「ヒト」であるということから、従業員の幸福（Welfare）の維持・向上のために各種の施策を打ち出すことが求められる。テレワークはプラスの面が多いということは各章（特に第一章）でみてきたところであるが、同時に負の側面も存在する。テレワークには一定のスキルが求められると同時に孤独な勤務であるがゆえにコミュニケーションが不足しがちであり、メンタルヘルス面でのチェックと支援が求められる（第二章八六頁参照）。夫婦とも在宅勤務の場合、仕事に加えて育児、家事の負担が女性に多くかかる場合も多いため、特に女性への目配りが求められる（第三章参照）。

いずれにせよ、従業員のテレワークでの快適な生活、健康が業務の成果に直接かかわるのであり、この面での対応が求められる。対応が不充分な場合には、就業継続の困難性を惹起するリスクを伴うことも否定できない。対応の手段として、各種の従業員意識調査、満足度調査、あるいはパルス・サーベイ（脈拍〔パルス〕を計測するように、短いスパンで簡単な質問を繰り返し行うことで、従業員の意識をリアルタイムで調査する方法）などを通じて従業員のモチベーション、コミュニケーションの状況、さらにはメンタルヘルス面でのチェックなどを有効に行い、その結果を目に見える形でフィードバックして、具体的なＨＲ施策に結実させる必要がある。

制約される「人事権」とＨＲ部門

第二に、テレワークの進展とそれに伴う意識や価値観（Values）、女性の働き方の変化、さらには家族構成の変化、人口の高齢化などにより、従来のＨＲ部門の活動範囲を超える領域の圧力が高まり、これまでの人事権（Mandates of HR）が制約を受けざるを得なくなってきた。この点は特に第二章、第三章、第四章でみてきた。いい換えれば、価値観の変化や人口高齢化の問題など、もともと人事権の範疇外であり、従来企業は考慮しなくてもよかった領域が拡大し、それに対応する必要に迫られてきたということもできる。こうして、企業内人事ドメインの制約と、従業員の家族生活や価値観への対応という人事の視野拡大の要請とが同時に進展している。

従来の内部労働市場においては、企業がＣＤＰ（キャリア開発計画）を通じて、人事ローテーションや社内外の研修を提供することにより人材開発を行ってきたが、企業の成長鈍化による資金的制約もあり、また個人の意識の変化、すなわち「転勤」や「単身赴任」への忌避の感情が強くなり、さらには、従業員の「キャリア自律」が多く語られるようになってくる中で、従来の人事権は制約に晒されている。

制約された人事権の中で忘れてならないことは、ＨＲ部門は上記の二つの機能を果たしていくことが求められるということである。

ＨＲ部門のドメインのシフト

第三に、人事権は制約されてきているとはいえ、他方で、ＨＲ部門には様々な要請が来ていることも否定できない。現在ならびに将来の企業は、ＳＤＧｓやＥＳＧ、さらには「国際規格ＩＳＯ　３０４１４」などに代表されるような国際機関ならびに取引先企業からのプッシュ、さらには、国内の「人的資本」のデータ開示要求などへの対応が迫られている。人事権が制約される中で、否応なき「外圧」によりＨＲ関連の対応が求められているともいえる。ある意味で、「ＨＲ部門のドメインのシフト」が起こっている。

どういうことか、もう少し説明しよう。これまでのドメイン（Domain：事業領域や管轄範囲）である従業員の採用、育成、評価、処遇などを超える対応が求められているのであり、しかもこれらの新しいドメインへの対応は、日本国内を越えて、海外子会社あるいはその取引先での状況にまでつながるものであり、他の各部署との連携により達成される面が大きいのである。例えば、ＳＤＧｓの中の「人権問題」への対応は、法務、調達、取引先企業、海外子会社など幅広い部門・機能、さらには他社との共同作業が求められるのである。ＨＲ担当者には従来以上に幅広い視野と部門・機能・他社との連携能力が求められる。そのために、ＨＲ担当者は、日頃から社内外で信頼の置ける良い人間関係を構築するべく「人間関係資本」（Social capital）を広く強くしておく努力と能力が求められよう。

ＶＵＣＡ時代に求められるコンピテンシー

第四に、グローバリゼーションが進む中でのＶＵＣＡ（目まぐるしく変転する予測困難な状況を意味するVolatility〔変動性〕、Uncertainty〔不確実性〕、Complexity〔複雑性〕、Ambiguity〔曖昧性〕という四つの単語の頭文字をとった言葉）――パンデミックはその典型例である――という予測困難な時代に、従業員とＨＲ部門には何が求められるのだろうか。新型コロナウイルスのパンデミックというＶＵＣＡの中、どのような人材が成果を上げているのかについて、筆者はリサーチを行ったことがある。その結果を参照しながらこの点を考えてみたい。[4]

ＶＵＣＡの中での「成果の高さ」をどのように測定するのかが大問題であるが、この調査では、①新しいことへの向学心、②逆境下での勤勉性、③辛抱強く成果を達成する意欲、④変化をポジティブに捉える力、⑤仕事への厳格な態度、⑥異質な人との仕事を好むことなどの総合的なスコアの高さを被説明変数として設定した。その上で、文献研究を元に、説明変数として、コンピテンシーの五つの要素を設定した。すなわち、1．Continuous learning：継続的学習（あくなき探求心）、2．Resilience：精神的強さ、忍耐力（折れない心）、3．Drive：情熱、動因（やる気）、4．Adaptability and Creativity：適応性・創造性（適応力と創造

説明変数	β係数	標準誤差
Continuous learning（継続的学習）	0.295***	0.0550
Resilience（精神的強さ）	0.120***	0.0444
Drive（情熱、動因）	0.0822*	0.0432
Adaptability and Creativity（適応性、創造性）	0.151*	0.0875
Human Relations and Teamwork（人間関係力）	0.0974*	0.0547
レフェレンス：50歳代		
20歳代ダミー	1.421*	0.834
30歳代ダミー	2.406***	0.743
40歳代ダミー	1.364*	0.803
男性ダミー	-0.073	0.432
レフェレンス：学部卒		
高卒ダミー	1.667**	0.763
修士ダミー	0.363	0.656
博士ダミー	2.737*	1.491
日本人ダミー	-1.357*	0.692
レフェレンス：日本以外在住非日本人及び日本在住日本人		
日本在住非日本人ダミー	-1.045	0.691
日本以外在住日本人ダミー	-0.56	0.825
レフェレンス：トップ・マネジメント		
ミドル・マネジメントダミー	-1.282*	0.736
一般職ダミー	-1.963**	0.845
プロフェッショナルダミー	-1.615*	0.864
その他ダミー	-4.498***	1.002
定数	6.357**	2.602
Observations（観測数、人）	181	
R-Squared（決定係数）	0.776	

表5－1　VUCA時代の成果への重回帰分析

(注)　＊＊＊1％水準、＊＊5％水準、＊10％水準で有意であることを示す。また、高卒者のサンプル数は2とごく少ないため参考値である。

(出所)　早稲田大学トランスナショナルHRM研究所『トランスフォーメーション・マインドセットに関する調査研究報告書』(株式会社スパイスアップ・ジャパンからの委託研究) 2020年12月。

性）、それに、5．Human Relations and Teamwork：人間関係力（周囲を巻き込む人間関係力）である。

分析を行った結果は、表5-1に示される通りである。できるだけ厳密に五つの説明変数の説明力（影響力）をみるため、年齢、学歴、国籍、居住地、職位をコントロールしている。その結果、この五つの要素はすべて統計的に有意に説明力を有していた。その中で被説明変数に**飛びぬけて大きな影響力を持つ要素が発見されたが、それは、β係数の大きな「1．Continuous learning：継続的学習」**であった。

これに比べるとかなり小さくなるが、「4．Adaptability and Creativity：適応性・創造性」、その後、「2．Resilience：精神的強さ」、「5．Human Relations and Teamwork：人間関係力」、「3．Drive：情熱、動因」などがその順で続く。

グローバリゼーションが進み、新型コロナウイルスや地政学的リスクをも含むＶＵＣＡのような変化の激しい環境の中ででも成果を出せる資質やコンピテンシー（行動特性）の中では、これらの激変に臆することなく前向きに努力ができる「継続的学習力」を保つことがキーとなることは理解しやすい。

組織がレジリエンスを高め、ＶＵＣＡを生き抜くためにもＨＲ部門は、従業員が「継続的学習力」を形成できるような環境を準備し、そのようなモチベーションに対して積極的にサポートを行う必要がある。

「継続的学習力」形成に向けた環境整備を

他方で、このようなウィン・ウインの関係を築く場合に障害となるのが、「費用対効果」の経済的視点である。企業が「継続的学習力」を形成できるような研修機会やそのための金銭的・非金銭的な支援を行ったとしても、折角育成した人材が離職したらそれまでの投資が無駄になるだろうから、全力でそのような施策を打つことはできないという論理である。しかし、この論理で行くと、「継続的学習力」を活かせる潜在能力の豊富な人材を獲得できない、また獲得できたとしても長くは確保できないという問題を抱え続けるリスクを抱える。

視点を変えてみよう。「継続的学習力」を形成できるような社内環境を準備した上で、成長し成果を出した人材には、きちんとした評価を行った上で、外部労働市場の相場水準に引けを取らない金銭的・非金銭的報酬を社内で準備すればどうであろうか。ごく一部の人材にはそれでも価値観の変化や家族の問題への対応などで離職を選ぶ人がいるかもしれないが、それは例外で、多くの場合、そのような環境を離れる理由は小さくなるであろう。さらには、そのような環境は、新卒のみならず、意欲的な転職者の目にも望ましい組織に映り、採用力向上につながるばかりでなく、現職従業員のモチベーション向上にもプラスに作用するであろう。

換言すれば、HR部門は、潜在能力の豊富な従業員の「継続的学習力」を伸ばし、それを評価するという過程で、企業は将来性のある人材との「緊張関係」に置かれている。従業員にとっての「緊張」は、今後も様々な形で現れるVUCAを乗り切るための「継続的学習力」を常日頃から形成しない場合に遭遇するであろう、厳しい未来図そのものでもある。

多国籍内部労働市場の本格的実現を求めて

第五に、テレワークが身近になり、コミュニケーションが時と場所を問わずいつでもどこでも可能になった現在、HR部門の視野は文字通り、グローバルにならざるを得なくなった。これまでの議論から内部労働市場の壁は薄くなり、労働市場における需要と供給の変動に直面する外部労働市場との緊張関係は、従来以上に高まってきている。もちろん、企業外の変動から遮断されるからといって、とりわけ大手企業において内部労働市場が無くなったわけではないし、無くなればよいという訳でもない。むしろ、グローバルに拡張しているといってよい。

内部労働市場においては、機会主義的行動、情報の非対称性などの取引費用[5]を伴う外部労働市場での取引を、組織における規則・慣行・監視に代替することにより、取引コストを下げ、離職をおさえることにより採用コスト・訓練コストを削減するとともに、企業が従業員の配置と処遇を自由に設計できるようになるというメリットがある。他方で従業員にとっては、組織内の規則や慣行により雇用が安定するという大きなメリットがある。雇用の安定は万国の労働者にとって悲願であろう。その安定を手にするためには不安的な外部労働市場における処遇より時には若干劣ることさえも容認できるかもしれないのである。

さて、多国籍企業における内部労働市場（これを著者は「多国籍内部労働市場」と名付けた）[6]は、本社、国内事業のみならず国外の子会社等を多く含むものであり、そこでは、人材の多国籍化が進んでいる（図5-1参照）。

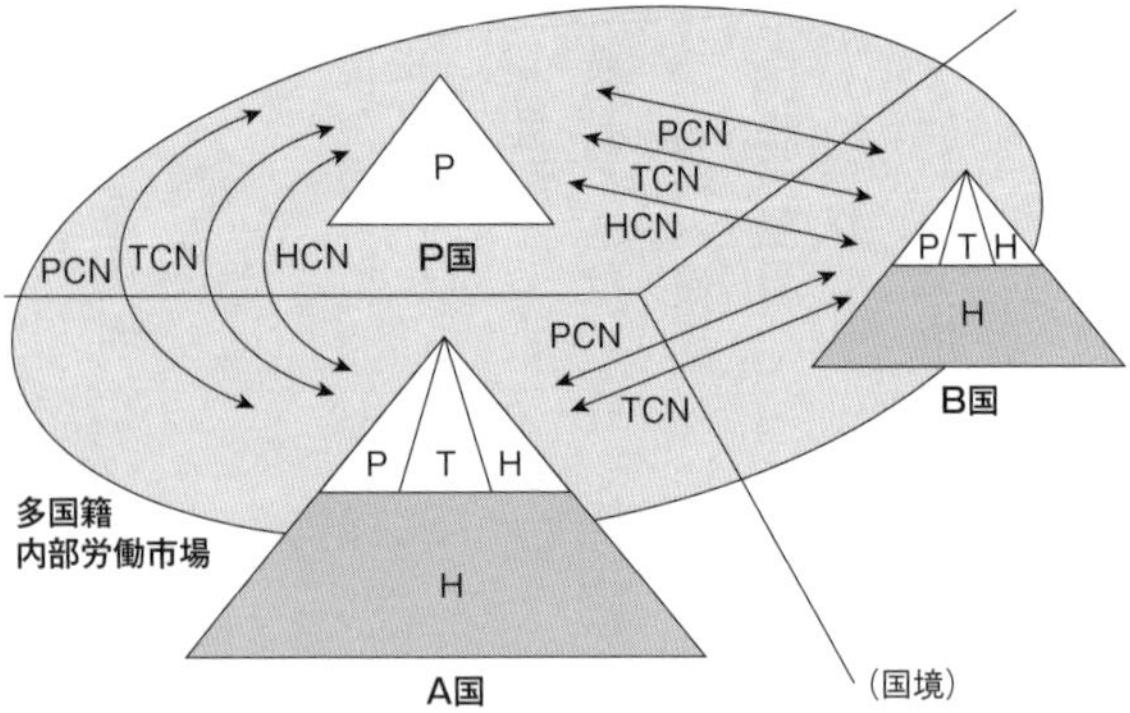

図5‐1　多国籍内部労働市場のイメージ

（注）　P国は本社所在国を表すPCNs（またはP）は本国籍人材を、HCNs（またはH）は現地国籍人材を、さらに、TCNs（またはT）は第三国籍人材を表す。

（出所）　白木三秀『国際人的資源管理の比較分析――「多国籍内部労働市場」の視点から』有斐閣、2006年。

　では、どこまでの人材を内部労働市場に組み込むか？　乱暴な説明ではあるが、内部労働市場に取り込む「人材」は「ＰＤＣＡ[7]を主体的に回せる人材」であるといえる。日本人であることは、必ずしも必要でない。

　日本企業の「多国籍内部労働市場」には、図5‐2のような特徴が、とりわけ在アジア、在アメリカ（南北）の日本企業に多くみられる。それらの海外オペレーションでは、ＴＣＮｓ（第三国籍人材）がほとんどおらず、ＰＣＮｓ（本国籍人材）とＨＣＮｓ（現地国籍人材）だ

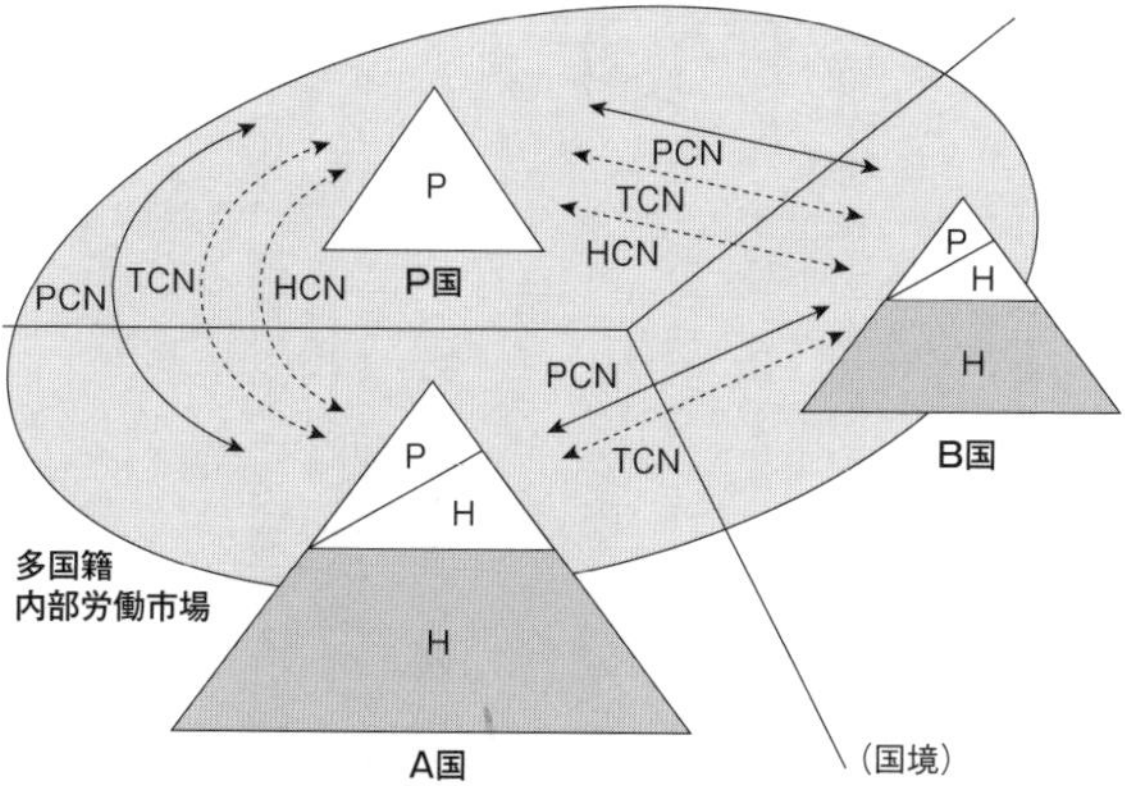

図５－２　日本企業における多国籍内部労働市場のイメージ

（注）　実線は移動が多いことを表示し、破線は移動がほとんどないことを示している。

（出所）　図５－１に同じ。

けで構成されるという特徴がある（これを著者は「二国籍企業」と名付けた）[8]。このパターンは一九九〇年代から観察され、三〇年後の現在でも日系企業の大きな特徴となっている。

さて、「多国籍内部労働市場」に組み込まれる人材は、ＰＤＣＡを主体的に回せる人材であって、国籍を問わない。そういう人材は、キャリア形成の中に海外異動も組み込まれており、ホワイトカラーのうち管理職・プロフェッショナルが中心となる。ホワイトカラーのうち管理職・プロフェッショナルの評価・処遇においては、国内の日本企業で広くみられる職能等級制度は存在せず、基本的にジョブ・システムが構築されている。例えばアメリカなどのホワイトカラーでは自由意志に基づく雇用関係を指すエンプロイメント・アット・ウィル（Employment at will：随意雇用）が存在する。すなわち、「雇用主と被雇用者の雇用に関する希望が一致したときに雇用関係が発生し、互いに必要としている間だけ雇用関係が維持される仕組みで、会社からすると必要な時に必要なだけ自分の気に入った人を雇用できる制度」[9]ともいえる。

「多国籍内部労働市場」においては日本人を超える視点が求められるが、もう一つの労働市場「ドメスティック内部労働市場」では、日本人がメインとなる。外国人がいても一般的には日本語を話してくれる。「ドメスティック内部労働市場」は、「多国籍内部労働市場」と異なり、日本人、日本市場だけを対象とするかもしれない。こうして、国内に二種類の労働市場が併存することになる。二種類の労働市場が併存することは、よほど小さな国内マーケットしかないような国（例えばスイスなどヨーロッパの小国）では、創業時から多国籍企業（いわゆるBorn Global）でないと企業活動が成り立たないが、それ以外の多くの国においては、二種類の労働市場が併存する。

なお、アメリカでは、ホワイトカラーの労働市場とブルーカラーの労働市場は全く異なる。前者にはエンプロイメント・アット・ウィルが適用されるような、労使で緊張感の伴う労働市場が存在する。後者には、勤続年数（文字通り年功制度である Seniority system〔先任権〕）による厳格な昇進・解雇制度が存在する。先任権による昇進においては勤続年数の長さだけで昇進が決定され、解雇においては勤続年数の長さの逆順のみによって決定される。日本の「年功制」は能力評価が付きものであるが、先任権にはそれが無く、文字通りの「年の功制」となっている。[10]

さて、「多国籍内部労働市場」が今後一層重要になるが、その場合には「日本人を超える視点」が特に重要となるであろう。まだまだ導入の道半ばであるＧＴＭ（グローバル・タレント・マネジメント）[11]がどれくらい実質化するかが問われているといえる。ＧＴＭが実質化することにより、世界に広がる海外子会社のタレント人材が抜擢・活用され、国籍、人種、文化、価値観、宗教、性別などを含むダイバーシティが実現し、企業組織の活性化と競争力の向上に資することが期待される。その場合のネックの一つは、日本人スタッフのコミュニケーション能力、とりわけ英語力のであることが良く分かっている。そのため、その方面で

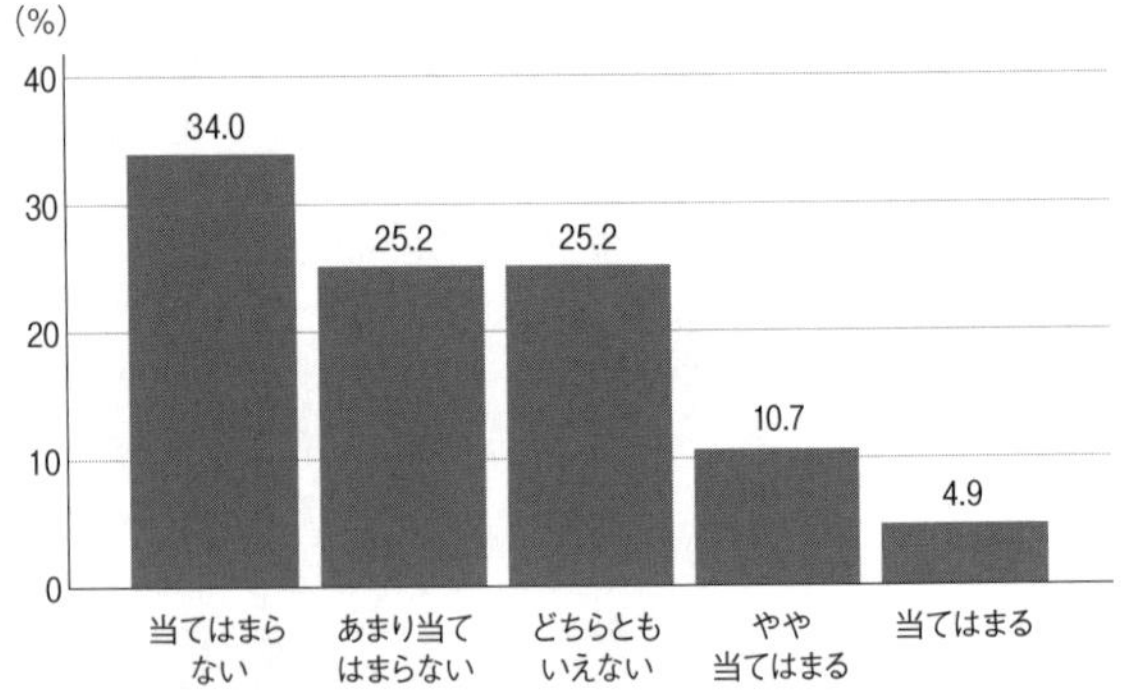

図5－3　設問「どの国の出身者にも平等に本社のCEOへのチャンスはある」への回答結果

（注）　無回答の4社を除く。

（出所）『日本の多国籍企業における人的資源管理（HRM）の強さの源泉に関する調査研究』（2023年）。2022年3月に実施した文部科学省日本学術振興会における科学研究費助成金による調査研究の報告書、研究代表者白木三秀。

の急激なキャッチ・アップ（遅れを取り戻すために巻き返しを図ること）が様々な方法で取り組まれる必要がある。

最後に、日本の大手多国籍企業に行った最近の我々のアンケート調査（回答数一〇七社）結果を紹介しよう。まず、どの国の出身者にも平等に本社のＣＥＯへのチャンスはあるかというと、どうも日本人には有利であるが、外国人には不利な場合が多い（図5-3参照）。

では、次の一〇年間で日本人以外の人のＣＥＯへの昇進可能性はどうかというと、図5-4に明らかなように、可能性は大いにあるという見方の方が多くな

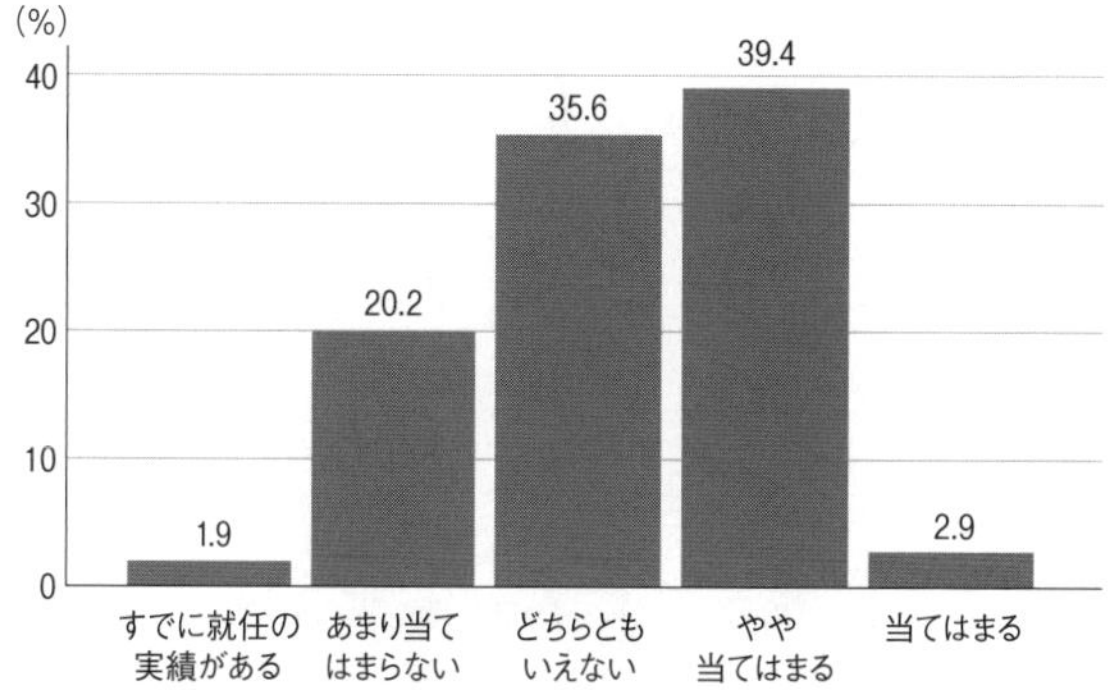

図5－4　設問「次の10年間で、日本人（本国人）以外の本社CEOが登場すると思う」への回答結果

（注）　無回答の３社を除く。
（出所）　図５－３に同じ。

る。これらの結果は、外国籍社員の本社ＣＥＯへの昇進可能性は十分にあるが、それには多くの障害を乗り越える必要があることを示している。

多くの障害が取り除かれ、日本の多国籍企業に世界から才能豊かな人材が集結し、活気のある組織が数多く生まれることを期待したい。

1　総務省『令和三年版情報通信白書』二〇二一年、二〇四―二〇五頁による。

2　同右。

3　詳しくは、白木三秀&ブライアン・シャーマン著『英語de人事――日英対訳による実践的人事』文眞堂、二〇二〇年の第一章を参照されたい。

4　早稲田大学トランスナショナルＨＲＭ研究所「トランスフォーメーション・マインドセットに関する調査研究報告書」（株式会社スパイスアップ・ジャパンからの委託研究、二〇二〇年一二月）を参照されたい。

5　市場に参加して複数の主体間で経済取引を行う際にかかる諸費用のこと。これを総称して「取引費用」（transaction cost）という。取引費用の中に「機会主義的行動」（opportunistic behavior）や「情報の非対称性」（information asymmetry）が含まれる。「機会主義的行動」とは、企業や個人が自分に有利な交渉・取引を進めるために、情報を秘匿・操作し、場合によっては裏切ったりするといった行動を指す。他方、「情報の非対称性」とは、「売り手」と「買い手」の間において、「売り手」のみが専門知識と情報を有し、「買い手」はそれを知らないというように、双方で情報と知識の共有ができていない状態のことを指す。

6　白木三秀『国際人的資源管理の比較分析――「多国籍内部労働市場」の視点から』有斐閣、二〇〇六年。

7　ＰＤＣＡ：Plan（計画）、Do（実行）、Check（評価）、Action（改善）という仮説検証型の業務プロセスの循環的運営方法。Ｗ・エドワーズ・デミングの提唱による。

8　前掲白木（二〇〇六）参照。

9　本間道治『エンプロイメント・アット・ウイル――日米雇用法の違いと米国式マネジメント』日本在外企業協会、二〇二〇年、二九頁。

10　これらの事実を丹念な事例研究により明らかにした基本文献を示すと以下の通りである。ドーリンジャー＆ピオレ著、白木三秀監訳『内部労働市場とマンパワー分析』早稲田大学出版部、二〇〇七年、小池和男『職場の労働組合と参加――労資関係の日米比較』東洋経済新報社、一九七七年。

11　我々の調査（図5-3の調査に同じ）によると、調査対象企業の四二・一％ではＧＴＭは未導入である。

あとがき

「やや長いまえがき」で述べたようなモチーフがどれくらい達成できたのだろうか。心もとないところもあるが、この点は読者諸賢の評価を待つしかないであろう。

さて、早稲田大学の近くの老舗蕎麦店「金城庵」で偶然居合わせた際に早稲田大学出版部チーフ・エディターの武田文彦氏から本書執筆の依頼を受けたのは、二年近く前のことである。その後、同出版部の八尾剛巳編集部長からも同様の依頼を受けた。それからかなりの日がたった。しかし、これには若干のいい訳もある。

筆者がその間に早稲田大学を定年退職するという私的ライフ・イベントがあったこともあるが、大きな理由は、新型コロナウイルスのパンデミックとこれに伴うテレワークの進展とそれに従事する人たちの仕事方法・仕事内容、それに企業の人事への影響の着地点の見極めが私にはなかなかできなかったからである。このパンデミックも二〇二三年になり世界中で収束方向に向かう中で、この間にみられた「働き方革命」と「人事（HR）ドメインのシフト」の向かう方向性は、今後も変わらないであろうという腹落ちができてきて、この数か月で執筆が進んだという気がしている。

とはいえ、本書の準備には一年くらいかけている。第二章、第三章の座談会は二〇二二年の三月と五月に行い、その後若干の手直しをしていったものである。

何よりも、多くの方々のご協力を得て本書が成り立っていることに感謝したい。

早稲田大学出版部の武田氏は、二つの座談会のテープ起こしという厄介な仕事を自発的に引き受け、協力してくださった。

第一章、第四章の資料の一部は、原幸三氏（株式会社千乃コーポレーション管理部部長補佐）から提供を受けた。

第二章の企業の座談会にはグローバル人事の中堅中の中堅の人たち（残念ながら企業名ならびに個人名を挙げることはできない）が集まり、議論に参加してくださった。なお、これら企業人事の方々とは、オーガナイザーの林幸弘氏（株式会社リンクアンドモチベーション）と池田茜さん（株式会社リンクグローバルソリューション）が隔月くらいに招集してくださる「京都会」という私的な研究会でよく議論をさせていただいている関係にある。

第三章の越境テレワーク時代の「駐妻」との座談会は、森加奈子さん（キャリアコンサルタント）が参加者に声をかけ、議論をリードし、また、コメントを書いてくださった。森さんの元NHK記者としての文章はこなれており読みやすく、ありがたい。

第四章の配置転換や人事権に関わる法律的な検討は、私の専門領域を超えるため、法律の判例などの内容面はほぼ、弁護士の小倉崇徳氏に依存した。

もちろん、本書の内容や主張に関する責任はすべて、著者に帰すものである。

ちなみに、原幸三氏、森加奈子さん、林幸弘氏、小倉崇徳氏の四名は、私が長年勤務した早稲田大学政治経済学部のゼミの卒業生である。

最後になってしまったが、二〇二〇年に一緒に本（『英語 de 人事』文眞堂）を出したブライアン・シャーマン（Bryan Sherman）氏との、このテーマに関するディスカッションは、最後の結論部分に対して思う存分に書くことを勇気づけてくれた。日本人以外の視点からのコメントはありがたいと感謝する。

多くの方々に感謝の気持ちをお伝えするとともに、本書の議論が今後の日本の「働き方革命」、日本企業のグローバルＨＲの更なる発展に寄与するところがあれば、これに勝る喜びはない。

二〇二三年六月吉日

白木　三秀

白木三秀（しらき・みつひで）

早稲田大学名誉教授、国士舘大学大学院客員教授、早稲田大学トランスナショナル HRM 研究所顧問
1951年 滋賀県生まれ。早稲田大学政治経済学部卒業、同大学院経済学研究科博士後期課程修了。博士（経済学）。
国士舘大学政経学部助教授・教授、早稲田大学政治経済学術院教授などを経て、2022年４月より現職。専門は労働政策、国際人的資源管理。
最近の主な著作に、『国際人的資源管理の比較分析』（有斐閣、2006年）、『グローバル・マネジャーの育成と評価』（編著、早稲田大学出版部、2014年）、『人的資源管理の力』（編著、文眞堂、2018年）、『英語 de 人事――日英対訳による実践的人事』（共著、文眞堂、2020年）などがある。

早稲田新書017

変革《へんかく》せよ！ 企業人事部《きぎょうじんじぶ》
―テレワークがもたらした働《はたら》き方革命《かたかくめい》―

2023年７月31日　初版第１刷発行

著　者　白木三秀
発行者　須賀晃一
発行所　株式会社 早稲田大学出版部
〒169-0051　東京都新宿区西早稲田１-９-12
電話 03-3203-1551
http://www.waseda-up.co.jp
装　丁　三浦正已（精文堂印刷株式会社）
印刷・製本　精文堂印刷株式会社

ISBN：978-4-657-23008-9

早稲田新書の刊行にあたって

いつの時代も、わたしたちの周りには問題があふれています。一人一人が抱える問題から、家族や地域、国家、人類、世界が直面する問題まで、解決が求められています。それらの問題を正しく捉え解決策を示すためには、知の力が必要です。整然と分類された情報である知識。日々の実践から養われた知恵。これらを統合する能力と働きが知です。

早稲田大学の田中愛治総長（第十七代）は答のない問題に挑戦する「たくましい知性」と、多様な人々を理解し尊敬して協働できる「しなやかな感性」が必要であると強調しています。知はわたしたちの問題解決によりどころを与え、新しい価値を生み出す源泉です。日々直面する問題に圧倒されるわたしたちの固定観念や因習を打ち砕く力です。「早稲田新書」はそうした統合の知、問題解決のために組み替えられた応用の知を培う礎になりたいと希望します。それぞれの時代が直面する問題に一緒に取り組むために、知を分かち合いたいと思います。

早稲田で学ぶ人。早稲田で学んだ人。早稲田で学びたい人。早稲田で学びたかった人。早稲田とは関わりのなかった人。これらすべての人に早稲田大学が開かれているように、「早稲田新書」も開かれています。十九世紀の終わりから二十世紀半ばまで、通信教育の『早稲田講義録』が勉学を志す人に早稲田の知を届け、彼ら彼女らを知の世界に誘いました。「早稲田新書」はその理想を受け継ぎ、知の泉を四荒八極まで届けたいと思います。

早稲田大学の創立者である大隈重信は、学問の独立と学問の活用を大学の本旨とすると宣言しています。知の独立と知の活用が求められるゆえんです。知識と知恵をつなぎ、知性と感性を統合する知の先には、希望あふれる時代が広がっているはずです。

読者の皆様と共に知を活用し、希望の時代を追い求めたいと願っています。

２０２０年12月　須賀晃一